小学科学本体和教育价值的实现

XIAOXUE KEXUE BENTI HE
JIAOYU JIAZHI DE SHIXIAN

张国富◎著

首都师范大学出版社

CAPITAL NORMAL UNIVERSITY PRESS

图书在版编目（CIP）数据

小学科学本体和教育价值的实现 / 张国富著. —北京：首都师范大学出版社，2022.5

ISBN 978-7-5656-5315-5

Ⅰ.①小… Ⅱ.①张… Ⅲ.①科学知识—教学研究—小学 Ⅳ.①G623.62

中国版本图书馆CIP数据核字（2019）第239910号

XIAOXUE KEXUE BENTI HE JIAOYU JIAZHI DE SHIXIAN

小学科学本体和教育价值的实现

张国富◎著

责任编辑　李瑞萍

首都师范大学出版社出版发行

地　　址	北京西三环北路105号
邮　　编	100048
电　　话	68418523（总编室）　68982468（发行部）
网　　址	www.cnupn.com.cn
印　　刷	河北鑫彩博图印刷有限公司
版　　次	2022 年 5 月第 1 版
印　　次	2022 年 5 月第 1 次印刷
书　　号	ISBN 978-7-5656-5315-5
开　　本	710 mm × 1000 mm　　1/16
印　　张	15.5
字　　数	249 千字
定　　价	49.80 元

狐狸与刺猬

古希腊抒情诗人阿尔基罗库斯（Archilochus）有句古老的格言：狐狸知道许多事情，而刺猬却只知道一件大事。20世纪最杰出的自由思想家以赛亚·伯林也把学者划分为两种：只知道一件大事的刺猬和知道许多小事的狐狸。

自古以来，在人类历史上一直有两种思想家：一类是追求一元论的思想家，他们相信世间存在而且只存在一个绝对真理，并为此不顾路漫漫其修远兮而一直上下求索，他们愿意将这个唯一性的真理贯透于万事万物，恰如刺猬一样，凡事都以一招应之——竖起它那满身的刺；另一类则是承认多元论的思想家，他们不相信世上真有什么放之四海而皆准的真理，他们体察世间万物的复杂微妙，因此宁可自己陷入矛盾，也绝不强求圆融一统的真理，恰如狐狸遇事之灵活花巧、机智多变。

作为科学教育启蒙工作者的我们，是愿意做刺猬还是狐狸？如果愿意做刺猬，那么只知道的一件大事是什么？

2012年，从事小学科学教育已22年的我对自己教师专业发展进行了深刻反思。我回顾了自己过去多年的工作经历，发现我一直在顺从着这样那样的方法、理念，不断改变着自己的课堂，可谓灵活多变，就像一只狐狸一样，把自己的所有思考与智慧都用于这些变化。虽然成绩与荣誉并没有欠缺，但我觉得没有了自我。

深入、直白地叩问自己的内心，我到底希望我的课堂是什么样的呢？我最要坚持的是什么？我不由得想到2005年参加市级骨干培训班时设计的一节课——《它里面是怎样连接的》，我为这节课起了一个副标题——构建有生命的科学课。当时并没有深入思考刺猬与狐狸这个命题。现在想来，生命一词从那时已开始进入自己的教育理念系统。对，就是这样，我要把我的课堂当作一个生命来看待，它是活的，是一个生命体，它有情感，有痛苦，也有快乐，它会成长。这就是我这只刺猬只知道的一件大事。

那么，什么样的课堂才是有生命的呢？我首先想到的词是"自由"。我希望学生在我的课堂上是自由的，这种自由不是行为上的自由，而是思考上的自由。在自由的前提下，课堂才会展现出一种生命般的美丽。

自由的实现源于尊重，这种尊重有一些敬畏的元素，就像人们敬畏自然一样，敬畏每名学生的学习过程。注意，一定是每名。

科学学科必然要帮助学生建立很多的科学概念，在此基础上，我的课堂还要关注学生教育价值的实现。即关注科学的本质，以及学生的科学态度和科学精神，更重要的是呵护孩子们对科学的兴趣，只有这样课堂才更有生命的活力。

再次踏上讲台，我感觉我的课更有活力了，自己也有了一种和之前不一样的感觉，那就是我感觉我的课有了情感、有了新的生命。在近几年的时间里，我主要研究了以下这几节课。

第一节：以了解生命、尊重生命为主题的《动物的一生》。

第二节：以任务驱动为主要教学手段的《光和影》。

第三节：以把教育意图隐藏起来为目标的《用水量的调查》。

第四节：以解决问题、理解科学与技术关系为主题的《浮和沉》。

第五节：以认识科学知识的本质为方向的《磁极间的相互作用》。

在此期间，我指导了青年教师的一些课，我也把这些思想传递给了他们。

虽然，狐狸是可以吃掉刺猬的，但我还是想做一只只知道一件大事的刺猬。

作者

2019年6月

第一章 **物质科学领域**

第一部分 理论概述 / 002

第一节 小学科学物质科学领域学科本体价值分析 / 002

第二节 小学科学物质科学领域学科教育价值分析 / 003

第二部分 教学实践 / 004

第一节 《浮和沉》教学设计 / 004

第二节 《一块磁铁接近另一块磁铁时》教学设计 / 017

第三节 《影子》教学设计 / 031

第四节 《小孔成像》教学设计 / 043

第五节 《导体和绝缘体》教学设计 / 054

第六节 《给物体分类》教学设计 / 062

第七节 《观察一瓶水》教学设计 / 072

第八节 《认识一袋空气》教学设计 / 080

第二章

生命科学领域

第一部分　理论概述　/ 086

第一节　小学科学生命科学领域学科本体价值分析　/ 086

第二节　小学科学物质科学领域学科教育价值分析　/ 089

第二部分　教学实践　/ 090

第一节　《动物的一生》教学设计　/ 090

第二节　《观察蜗牛》教学设计　/ 103

第三节　《观察鱼》教学设计　/ 113

第四节　《果实的形成》教学设计　/ 119

第三章

地球与宇宙科学领域

第一部分　理论概述　/ 140

第一节　小学科学生命科学领域学科本体价值分析　/ 140

第二节　小学科学物质科学领域学科教育价值分析　/ 141

第二部分　教学实践　/ 143

第一节　《地壳运动》教学设计　/ 143

第二节　《各种各样的天气》教学设计　/ 155

第三节　《用水量的调查》教学案例　/ 164

第四节　《谁先迎来黎明》教学设计　/ 166

第
四
章

技术与工程领域

第一部分　理论概述 　/ 176

第一节　小学科学生命科学领域学科本体价值分析　/ 176

第二节　小学科学物质科学领域学科教育价值分析　/ 177

第二部分　教学实践 　/ 181

第一节　《齿轮传动》教学设计　/ 181

第二节　《交通信号灯》教学设计　/ 211

第三节　《斜面》教学设计　/ 219

第四节　《点亮两个小电珠》教学设计　/ 228

第一章

物质科学领域

第一部分　理论概述

　　物质科学是研究物质及其运动和变化规律的基础自然科学，是小学科学课程内容的四大领域之一，课程标准中有关小学科学的十八个主要概念有三分之一是通过学习物质科学领域的课程内容加以建构的。因此，教师应充分认识物质科学的学科本体价值和教育教学的价值，以便对"学生为什么要学物质科学""教师为什么要教物质科学"等问题有一个系统、全面的理解和把握，这对于有效提高小学科学教育教学质量、促进小学生科学素养的形成和发展具有重要意义。

第一节　小学科学物质科学领域学科本体价值分析

　　小学阶段物质科学领域的课程内容，从学科的本体视角来看，其最大价值在于启蒙小学生形成一些初步的物质科学意识。具体包括观察实验意识、描述意识、物质意识、运动与变化意识、能量意识。

　　1. 初步形成观察自然界的物质意识、运动与变化意识和能量意识

　　科学始于观察，小学生对自然界的认识也离不开大量的观察和实验活动。如何观察、怎样观察，如何从基于儿童经验的观察，逐步提升为科学的观察，这是小学阶段科学教育的重要任务和目标。为此，教师在教学中应引导小学生渐进地养成以"物质""能量""运动与变化"的意识观察自然界中物质及其运动与变化的各种现象和过程，逐步形成科学思维方式，从而促进科学素养的发展。

　　2. 初步形成对物质及其运动和变化的观察与实验意识和描述意识

　　"从哪儿想""怎么想"是科学思维方式内涵的两个重要方面。"物质""能量""运动与变化"的视角回答了"从哪儿想"的问题，它超越了具体的科学知识，具有一般方法论的意义和价值。视角一旦形成，就会启发和指导学生科学思维的方向。"怎么想"问题的实质就是科学方法论问题。对于小学生而言，教师应让其逐

步领会到观察和实验是认识物质及其运动和变化最基本的途径和方法。描述、解释和预测是科学的三个最基本的功能，也是科学价值的体现。因此，能够正确地把所观察到的物质及其运动和变化的现象与过程描述出来，逐步形成描述意识，对于小学生科学思维和科学素养发展极为重要。

第二节　小学科学物质科学领域学科教育价值分析

小学阶段物质科学领域的课程内容，从教育的视角来看，其最大价值在于激发小学生探究物质世界奥秘的好奇心，使其养成基本的科学品质，为科学素养的全面发展奠定良好的基础。

1. 激发探究物质世界奥秘的好奇心

小学生生活在物质世界中，每时每刻都在接触各种各样的物质，感受自然界和人类生活中所发生的丰富多彩的物质的运动和变化。气球为什么会飞？汽车为什么会跑？玻璃窗上的水珠怎么没了？下雷雨时为什么先看到闪电后听到雷声？正是这些疑问激发了小学生探究物质世界奥秘的好奇心，也正是在揭开物质世界神秘面纱的过程中，小学生学到了最基本的科学道理和知识，增强了学习物质科学的兴趣。

2. 培养基本的科学观念

小学科学教学的任务和目标之一就是使小学生初步形成科学的世界观。物质科学中蕴含着非常丰富的科学观念，对小学生科学世界观的形成有着十分重要的作用。对物体特征的认识、对材料性能的了解，都是为了使小学生逐步掌握抽象的"物质"的概念，进而形成"世界是物质的"这一基本科学观念。

3. 初步养成基本的科学品质

"乐于观察、注重事实、勇于探索"是基本的科学品质，也是科学态度的重要内容。物质科学领域内容的教学，对于小学生养成这些科学品质具有重要作用。通过物质科学的学习，小学生可以逐步形成观察与实验意识和用事实说话的意识，并乐于尝试运用多种材料、多种思路、多样方法完成科学探究，体会创新带来的乐趣。

第二部分 教学实践

第一节 《浮和沉》教学设计

今天是元旦，在这辞旧迎新的日子里，人们难免抚今追昔。回想自己一年里在小学科学启蒙教育事业里的种种过往及所见所闻，不由得一阵唏嘘。

我的眼前总会浮现两张面庞：一张是一年级新生刚刚踏进小学校园时那一脸的兴奋、好奇、期待的神情；另一张是六年级学生毕业时那一脸的漠然与疲惫。六年的时间，这样的结果，使人深思。同时我又常回忆起三年级学生初次上科学课时的种种情形，记忆里多是学生追寻老师问这问那和实验时的小心翼翼与专注。可是在上六年级的科学课时，这样的情形已不多见。到底是什么原因造成了学生对学习、对校园生活态度这么大的变化呢？

很显然，这是一个教育及学习心理学领域的问题。对于小学科学课而言，由于学科研究领域与学习方式的特殊性，并考虑到儿童嬉戏的天性，激发学生的学习兴趣，使学生形成学习动机，是一件很容易的事情，那么问题显然就出现在了儿童学习动机的维持与增强上。

由于人类对学习过程涉及到的种种因素的研究，以及受国内国外教育新理念的影响，小学科学教育在不断发生着变化，我们的教育教学的目标也在发生着不断的变革，这是件值得庆幸的事情，为此我们应该不断调整自己的教学设计。可是我认为有一点我们应时刻牢记，不管是什么样的目标，最终都是要在学生的身上得以实现的，就像我们做好了一道自认为色香味俱全的菜肴，当端到孩子们面前时，他们是否会表现出强烈的食欲呢？

本教学设计最突出的特点是以ARCS动机设计模式理论为依据，以有效激发并维持学生学习动机为目标，从精选材料入手，以有难度有梯度的挑战活动为主要内容，最终使学生能够学以致用。在教学重点的确定上，没有将知识的更新、能力的提升作为重点，而是将运用有效策略激发并维持学生的学习动机作为重点，这是老师的主观愿望，也是为了贯彻及实现本设计指导思想的一个举措。这样本设计的关注点和设计思路就是以学习动机的激发、维持、增强、持久的思路来进行的。而相对于概念的深度、能力的训练等目标则放到次之的地位。

一、指导思想与理论依据

刚刚上完一节科学课，课题是《浮和沉》。自己觉得教学效果还是可以的，于是想坐下来写一篇教学设计，却迟迟难以落笔。我很想为这节课找一个所谓"高大上"点的指导思想，但是扪心自问，在进行这节课的课前设计及课后反思的过程中，自己内心的期冀到底是什么？自己最想让孩子们获得什么？哪些才是自己最希望能够为他们将来形成良好核心素养提供帮助的呢？想来想去得出一个答案：自己是想通过这节课使得孩子们觉得"科学课真好玩"，从而进一步地产生愿意亲近这门学科，愿意亲近我的欲望，也就是维持并增强学生对科学课的学习动机。比喻一下，我希望的是能在学生的心中埋下一颗对科学、对科学探索不断追求的火种，当然也希望这些火种能够在他们将来的学习生涯中变成一团团炙热的火焰。忽然想起自己1993年刚踏上工作岗位时的第一篇获奖论文，题目就是"激发学生的学习兴趣"，可能是"不忘初心"吧。

好像激发兴趣、促进学生形成学习动机是一个老生常谈的话题，新老教师都会有自己的"秘密武器"。但是，现实是否达成了我们的预期呢？对于我自己而言，我觉得我至少在两个方面有所欠缺：一方面是对学生学习动机的持续有效维持的关注度还不够；另一方面是没有一套较系统的增强学生学习动机的心理学方面的理论的指导。有幸的是，在"十三五"教师继续教育的课程里有一门课叫《学科教育心理学》，更有幸的是我在其中接触到美国佛罗里达大学的心理学教授凯勒（J. M. Kellel）提出的ARCS动机设计模式理论，此理论为我设计这节课，贯彻这节课的指导思想提供了较大帮助。

这一模式认为影响学生学习动机的因素有四类：注意、切身性、自信、满足感，选取其每个英文单词的首字母，这一模式简称ARCS动机设计模式。该模式的主要目的是为了激发并维持学生的学习动机，它认为学生学习动机的产生，首先是要引起学生对一项学习任务（学习目的）的注意和兴趣；其次，使学生理解完成这项学习任务与已有的经验密切相关；然后要使学生觉得自己有能力完成这项学习任务，从而产生自信心；最后让学生产生完成学习任务后的满足感。因此，教师在进行教学设计的同时，应该进行适当的动机设计，即针对学生群体的动机状况和教学内容的特点设计相应的动机策略，设法使教学能够引起并维持学生的注意，创建教学与学生之间的切身性关系，使学生产生并维持对学习的自信心，并提供一种满意感，那么教学就能激发学生的学习动机。在后续的教学过程的阐述中，我将结合该模式的四要素进行详细解读。

二、教学背景分析

（一）课标位置与要求

在新课标中，本课属于"物质科学"领域，在该领域中，《浮和沉》是针对力的作用的研究。指向的主要概念是"力作用于物体，可以改变物体的形状和运动状态"。由此可见，针对浮力，新课标的关注角度重在浮力对物体在水中运动状态的影响方面，而物体在水中的运动状态事实上是由浮力和重力共同作用而产生的，所以我选择了能够改变物体在水中的浮和沉的运动状态作为本课教学主要内容。

（二）教学内容分析

《浮和沉》一课与首师大版《科学》第五册教学内容相关，属于《力与生活》单元。在本课之前有《推力和拉力》一课，后续有《摩擦力》《找找身边的力》等内容。在整个单元中，我们以往关注较多的是力的大小及影响力的大小的因素方面的实验探究，而对力的作用效果方面关注度稍微弱了一些。

（三）学生情况分析

五年级学生对于力的认知更多的是建立在感性认识之上的，他们知道用力，知道用力可以达到一定效果，而他们对于力的方向及作用效果等诸多要素缺乏有意识的关注，他们对于浮力的认知也是很少的，大多只是在生活中感受过在水中和水外不一样的感觉，并且有的学生甚至没有在水中的体验，只是看到过有的物体在水中是会浮在水面上的。对于这些现象的自我解释，学生多以比水轻、空心等角度进行理解，很少关注到浮力的大小与重力大小的比较方面。对于科学课、动手实验、挑战一些难题方面，学生的态度还是很积极的。

（四）教学方式与手段说明

教学方式：实验探究式。

教学手段：任务驱动下的有目标的动手实验探究。

（五）技术准备与教学媒体

教具：胶囊笔贴图一套；大水槽（内注约三分之二容积的水）；毛巾1条；空心胶囊笔1支；内装19枚螺丝钉的胶囊笔1支。

学具：小水槽（内注约三分之二容积的水，1）；毛巾1条；空心胶囊笔1支；小螺丝钉22个；潜水艇模型1个；橡皮泥1块。

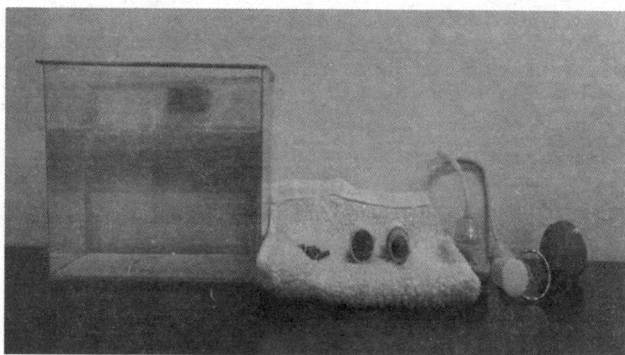

三、教学目标

（一）教学目标

1. 知识目标

通过本课教学，希望学生能对物体在水中的浮和沉现象进行关注，并在改变胶囊笔在水中的沉浮状态的动手操作与积极思考过程中，认识到浮力和重力在大小会使物体在水中的沉浮状态发生变化，且增大物体体积可以增大该物体在水中所受浮力的大小。

2. 能力目标

通过本课教学，学生的动手实验能力、创造性解决问题的能力和分析比较等科学思维能力，都将有机会获得一定的训练与提升。

3. 情感态度价值观目标

通过本课教学，学生将有机会挑战自我、严谨思考，获得解决难题的成功体验，他们的学习动机将得到激发并维持，并就科学探索对人类及社会发展的促进作用获得一些了解，在能积极利用所学知识进行发明创造的意识上获得培养。

（二）教学重点

在直观呈现引发注意、营造冲突维持注意、控制难度增强自信、挑战成功获得满足、面向未来切身萌芽等动机策略下，使学生的学习动机得以激发并维持。

（三）教学难点

从教师教的角度，如何将学生对浮沉现象产生的原因由轻重、是否空心等方面引导到关注物体所受浮力与重力的共同作用上来，教师在教学过程中将遇到困难。

从学生学的角度，在不改变胶囊笔所受重力大小的前提下，积极动脑、动手尝试最终增大胶囊笔体积从而增大浮力使得胶囊笔上浮，在此学习任务中学生将遇到较大困难。

四、教学流程

在引领学生进行探究引起物体在水中的上浮与下沉运动的缘由等科学知识的过程中，从ARCS动机设计模式中的53个应用策略中，选取本课可以采用的策略进行教学设计，从而确定教学活动与动机策略的结合点，主要包括以下几点：直观呈现引发注意；营造冲突维持注意；控制难度增强自信，挑战成功获得满足；面向未来切身萌芽等。从而达到激发并维持学生学习动机的目的。

教学流程	现象与概念	ARCS动机设计模式因素	动机策略	教学行为
引发关注介入核心材料	空心囊状模型实物	A. 注意	A2具体化——将重要对象以直观的形式呈现给学生	教师直接出示胶囊笔，重点介绍其改装过程和结构特点
演示与解释重力与浮力	物体在空气中受重力作用会下落，在水中受浮力作用后可能上浮	A. 注意	A4幽默——在解释和总结时，使用幽默的比喻	用重力与浮力PK的形象比喻理解重力与浮力方向与大小的比较
挑战活动——使胶囊笔沉入水底	增大物体所受重力到一定程度时，物体将会下沉	A. 注意	A5质疑——定期提供解决问题的情境	用任务驱动的方式，引领学生关注使胶囊笔沉入水底的方法
		A. 注意	A1不协调，冲突——给学生提供一个似乎与他们已有经验相冲突的事实	对于使胶囊笔下沉，学生自认为的装满水的猜想将与事实不符合
		C. 自信	C1学习要求——给学生提供表述清楚的、进行自我评估的手段	教师提出层级性阶段挑战成功的标准：沉入水底——胶囊笔沉入水底
		S. 满足感	S3积极结果——及时地给学生提供有用的反馈信息；在任务完成后及时地给予鼓励性的反馈	在学生完成挑战任务的过程中，教师根据实际情况进行有效及时的提示与鼓励
挑战活动——使胶囊笔上浮至水面	不改变物体所受重力的大小，增大物体体积，可以增大所受浮力，使原本下沉物体可能变成上浮	A. 注意	A1不协调，冲突——给学生提供一个似乎与他们已有经验相冲突的事实或目标	任务驱动：不改变胶囊笔的轻重，使已经下沉的胶囊笔自己浮到水面

（续表）

教学流程	现象与概念	ARCS动机设计模式因素	动机策略	教学行为
挑战活动——使胶囊笔上浮至水面	不改变物体所受重力的大小，增大物体体积，可以增大所受浮力，使原本下沉物体可能变成上浮	R. 切身性	R4需要匹配——强化努力行为，给学生提供在中等冒险水平下获得出色成绩的机会	活动难度中等，在积极努力思考和多次尝试下能够成功
		C. 自信	C2难度——学习材料既要有难度，又要是可以完成的，即提供一种可被征服的挑战	与第一个挑战活动比较，这个活动挑战难度增强，征服后易于建立自信
		S. 满足感	S1自然后果——允许已经掌握了某一任务的学生去帮助那些还没有学会的学生	对于先挑战成功的小组，可以在征得其他小组同意的前提下进行一定提示与帮助
拓展应用——潜水艇	潜水艇通过吸进和排出水的方法来改变重力的大小，从而改变沉浮状态	R. 切身性	R3未来价值——说明教学与学生未来活动的关系	鼓励学生利用所学进行发明创造，服务于更多的人，并帮他们克服畏难心理

五、教学过程

本课教学过程，可以分成三个大的步骤：第一步，直接呈现核心材料，引发注意；第二步，实验探究影响物体在水中沉浮状态的因素；第三步，学用结合，操控潜水艇。

第一步：直观呈现核心材料——引发注意，产生学习动机。

1. 谈话与讲述：看看这节课张老师给大家带来了什么？

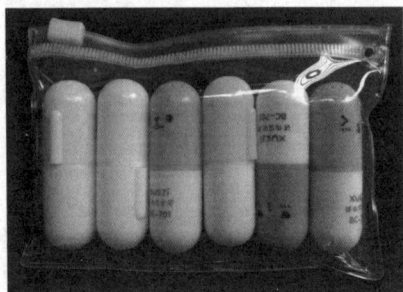

2. 出示胶囊笔并做简单介绍。

【设计意图】胶囊笔对于学生来讲是既熟悉又陌生的，部分学生曾经见过，但是用它能做什么科学实验呢？学生会产生期待。另外胶囊笔鲜艳的颜色从视觉上也很容易激发学生的兴趣。之所以没有选用教材中的圆柱体塑料桶的原因也与此有关。

动机理论支持：将重要对象以直观的形式呈现给学生有利于引发学生对学习的注意，从而激发学生学习的动机。

第二步：实验探究影响物体在水中沉浮状态的因素——增强自信、获得满足，维持学习动机。

简述：本环节主要由三个活动组成：第一个活动——教师演示胶囊笔在空气和水中呈现不同的运动状态的实验，从而引领学生关注浮力和重力的作用；第二个活动——学生挑战改变胶囊笔所受重力的大小使之沉到水底的实验，认识物体在水中的运动受浮力和重力共同作用的影响；第三个活动——学生挑战难度升级，不改变胶囊笔所受重力的大小，并使它上浮，认识增大物体的体积可以使浮力增大。

（一）教师演示胶囊笔在空气和水中不同的运动状态的实验，引领学生关注浮力和重力的作用

1. 教师演示手持胶囊笔在空气中松手，学生观察。

2. 讨论：为什么会是这样呢？

3. 教师演示将胶囊笔送入水中后松手，学生观察。

4. 讨论：这是怎么回事？

5. 板书讲解：物体到水中后，除了重力还受到一种新的力——浮力的作用，浮力和重力方向是相反的。胶囊笔到水中后，重力与浮力PK的结果谁更强大？现在再看胶囊笔静静地躺在水面，这时它们俩PK的结果是什么呢？

【设计意图】这是同一物体在两种不同运动状态的对比，是对事实现象的解释。在此过程中，期望学生的注意力能从对胶囊笔在水中的上浮运动的解释向关注重力与浮力的共同作用转移。从学生对浮力建立的前概念（学生的解释多从轻、空心的角度分析）角度来讲，此目的有难度。教师可以引领学生回忆生活中种种感知浮力的经验，从这些经验出发，使他们开始关注浮力的存在及一些相关信息。这里教师刻意建立浮力和重力PK的幽默形象，使得学生的注意力得以维持。

动机理论支持：在解释和总结时，使用幽默的比喻可以引发注意，维持学习动机。

（二）学生挑战改变胶囊笔所受重力的大小使之沉到水底的实验，认识物体在水中的运动受浮力和重力共同作用的影响

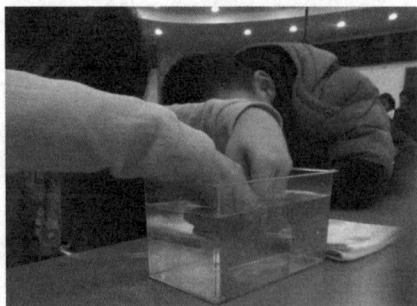

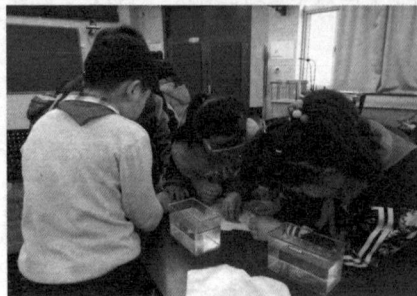

1. 出示挑战任务：想办法让胶囊笔从水中沉到水底。

2. 全班交流。估计学生大多会想到在胶囊笔中灌满水的方法，教师可以让学生先试一试。

3. 讨论：还有什么办法？用这样的小螺丝钉可以吗？

4. 公布成功标准：首先完成胶囊笔沉到水底的目标，之后找到一个数据：胶囊笔内最少装入多少个螺丝钉它就能沉到水底。

5. 分发材料，小组实验。

6. 汇报交流，教师引导：

你是怎么做到的，为什么胶囊笔能沉到水底？

我们改变了什么？结果是怎样的？

7. 板书总结：在刚才的实验中，我们增大了物体所受到的重力，当重力增大到大于浮力时，胶囊笔才会沉到水底。

【设计意图】这是本课第一个挑战活动，挑战活动这种类似于游戏的活动形式本身就符合学生嬉戏的天性，而对这种天性，我们应该形成一种持久尊重的潜意识。另外，这个挑战活动对于学生来讲难度是较低的。首先，这样的安排是为了帮助学生建立自信，第一个挑战如果太难反而会降低学生刚刚形成的学习动机。再者，在这个活动中，学生还将经历一次冲突：对于使胶囊笔下沉，学生自认为的装满水的猜想将与事实不符，这也有利于维持住学习动机。还有我们不能忘记对学生表现进行适时鼓励。

动机理论支持：定期提供解决问题的情境，维持注意。给学生提供一个似乎与他们已有经验相冲突的事实，引发注意。及时地给学生提供有用的鼓励性的反馈信息，从而建立起自信。

（三）学生挑战难度升级，不改变胶囊笔所受重力的大小，并使它上浮，认识增大物体的体积，可以使浮力增大

1. 出示挑战任务：我们的挑战难度越来越高了，这次挑战需要你们多讨论、多动脑才可能会成功。这次的任务是：可以动笔帽，但是不可以取出笔里面的螺丝钉，哪怕一个也不可以，如果你的胶囊笔中有水，也不可以流出来，也就是说，不能改变胶囊笔所受重力的大小，但是要使已经下沉的胶囊笔放入水中后不再下沉，而是自己浮到水面上来。

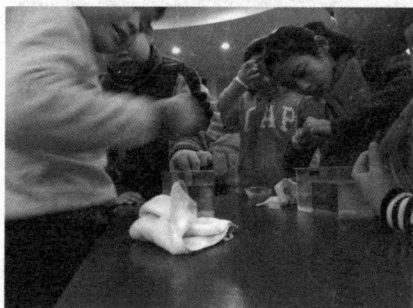

2. 小组讨论、动手尝试。

3. 汇报交流：估计挑战成功的小组不会很多，教师在保证给予学生充足时间的同时，可以请成功的组的学生当小老师来帮助其他组的同学。

引导谈话：既然我们不能改变胶囊笔所受重力的大小，那么为了完成任务我们能改变什么？怎样才能增大浮力呢？一时想不到办法，怎么办？我们可以从胶囊笔的特点进行思考，胶囊笔哪里是可以改变的呢？笔帽，笔帽可以取下，但是不能成功，那么就不能取下，不取下，又不能盖紧。

4. 再次尝试，体验成功。

5. 教师板书解释。

【设计意图】这个挑战活动难度明显升级了，但是它的意义在于当学生在自己思考、教师引导和同学互助的共同作用下挑战成功后，获得的满足感会更强烈。当然，关于浮力的大小与其排开水的体积和水的密度有关的科学概念，在这里是不可能达成的，也没有必要在小学学习到这个层面。我们更多的是希望达到一种引领的作用，更多应做的是铺垫与激发兴趣。

动机理论支持：学习材料既要有难度，又要是可以完成的，即提供一种可被征

服的挑战，又可增强自信与满足感。允许已经掌握了某一任务的学生去帮助那些还没有学会的学生，可增强他们的自信与满足感。

第三步：学用结合，操控潜水艇——萌芽切身需求，持久学习动机。

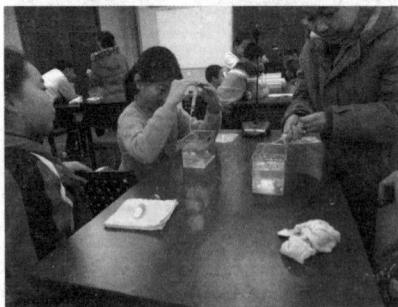

1. 谈话：今天我们发现了一些物体在水中浮沉的奥秘，了解这些奥秘有什么用呢？我们生活中用到这些知识了吗？

2. 全班交流。

3. 小组实验：操作潜水艇模型，认识潜水艇原理。

4. 机动内容：利用我们今天认识到的增大物体体积可以增大它在水中所受浮力的大小的知识，你能将这块橡皮泥进行加工，使得它自己浮在水面吗？

【设计意图】希望学生理解学习的意义，认识到学习对自己乃至对社会发展的促进作用，显然这只是个期望，但它需要足够的事实积累才能形成。潜水艇明显是一种对本课知识进行有效运用的有力例证，我们不应放弃这次机会。同时，从更长远的角度考虑，从理解学习未来价值的角度使学生意识到学习与自身切身需求的关系是紧密的联系，这样对学习动机的维持将更持久些。

动机理论支持：说明教学与学生未来活动的关系，产生切身性需求，长久维持学习动机。

六、板书设计

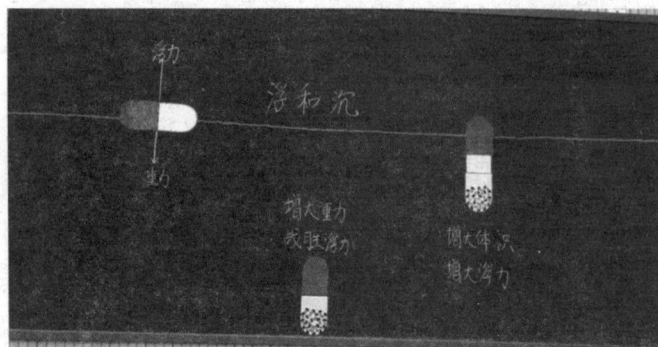

七、学习效果评价设计

评价方式：课堂学习情感的观察与学习任务的达成度。

评价量规		
优秀	良好	合格
学习动机得以激发并维持；理解物体在水中的沉浮状态与浮力和重力的关系；知道增大物体体积可增大浮力；知道科学学习的未来价值	学习动机得以激发，但维持时效短；理解物体在水中的沉浮状态与浮力和重力的关系；知道浮力大小与物体体积相关；了解科学学习的未来价值	学习动机没有被激发；知道物体在水中的沉浮状态与浮力和重力的关系；不知道物体体积和大浮力相关；不了解科学学习的未来价值

八、教学反思

叶宝生教授在《哲学重演律对儿童科学教育的启示》一文中指出：关于儿童对世界的科学认知，我们常常是以成年人的心理来对待，并急于让儿童接受前人在漫长的科学发展过程中所积累的科学知识和思维方法。这样就造成了我国儿童科学教育仍然存在着过于强调科学结论和科学思维的观念，而不能以科学的态度对待儿童的科学体验和科学学习，以超过儿童科学认识能力的方法进行科学教育的问题。

当儿童发现他们所期望的、真正喜欢的学习越来越少时，真正有意思的科学发现在科学课上也越来越少的时候，可想他们又怎样保持旺盛的好奇心和求知欲呢？于是，他们越来越厌恶那种"告知式"的学习，那种缺乏自由的探究，那种一遍遍演着编剧老师既定剧本的戏剧。我一直困惑着，如何能在科学知识学习的过程中，设计出儿童喜欢的、既有趣又有思考与创造的教学活动。直到接触到美国佛罗里达大学的心理学教授凯勒（J. M. Kellel）提出的ARCS动机设计模式理论，才有了一些眉目。

回顾《浮和沉》一课的教学实际情形，我觉得至少有以下两点收获。

第一点：学生整堂课都保持着高度的注意力和较强的探究欲望。

这样的课堂教学情形正是我所期望达到的，也证实本教学设计的指导思想得到了贯彻。形成这种良好教学氛围的原因可以归结为以下几点。

首先是整体教学思路的设计主题鲜明。本课整体教学思路是：在引领学生进行探究引起物体在水中的上浮与下沉运动的缘由等科学概念的过程中，从ARCS动机设计模式中的53个应用策略中，选取本课可以采用的策略进行教学设计，确定教学活动与动机策略的结合点，主要包括：直观呈现引发注意；营造冲突维持注意；控制难度增强自信，挑战成功获得满足；面向未来切身萌芽等，从而达到激发并维持学生学习动机的目的。这个思路主题鲜明而又单一，较好地保证了增强学生学习动机的目标的达成。

其次是学生动手与动脑的良性结合，这样一来既有趣生动又有深层次的思考。

达成这样的教学效果主要归因于本设计的教学活动的呈现方式，每一个主要的教学活动都是以"任务式驱动"的面目出现在学生面前的，毫无疑问，学生是喜欢这种活动形式的。并且活动的难易度控制也保证了学生的学习热情不减。由"想办法使沉到水底的胶囊笔浮到水面"到"不取出胶囊笔里面的东西，使已经下沉的胶囊笔自己浮到水面"，这样的巧妙安排，难度递进而又有联系，能达成而又不易达成，学生边动手边讨论边动脑的能力，一次次成功与失败的情感交织，都使得这些学习活动充满了吸引力。

第二点：来源于生活、又还原生活，践行了"知行合一"精神。

中国传统的知行合一精神是中华民族重要的哲学智慧和精神资源。知行合一理论是由明朝思想家王阳明提出来的，是对中国古代的认识论和实践论、道德修养和道德实践的命题研究。习近平总书记也曾多次强调知行合一，指出"知"是基础、是前提，"行"是重点、是关键，必须以"知"促"行"、以"行"促"知"，做到知行合一。

再看本节课，表面上看，学生是在做着与胶囊笔在水中浮和沉现象有关的探究活动，而事实上，学生的探究一直没有离开他们的生活经验，课堂上教师也曾提示学生关注自己在水中的浮沉感受，这样，生活中的"行"与课堂上的"形"融合在一起，为形成关于浮和沉的"知"打下了基础。当学生有了一点关于浮和沉的"知"时，教师就将这些"知"与生活中的"形"进行了联系。如：当学生发现增加胶囊笔的重量到一定程度，胶囊笔会下沉；减小胶囊笔的重量到一定程度，胶囊笔会上浮时，教师适时引领学生尝试了潜水艇模型的沉浮操作，从而使学生对生活中的潜水艇原理有了一定认知，这就践行了"以知促形"。

本节课教学结束后，我觉得最大的遗憾是学生对于浮和沉的科学概念没有一个明晰的认知，而只是建立在尝试解释浮沉现象的层面上，还需要更多的活动来达成学生对概念的清晰认知。

还是这句话：我希望能在学生的心中埋下一颗对科学进行不断探索的火种，当然也希望这些火种能够在他们将来的学习生涯中变成一团团炙热的火焰。

九、评析

我从一些途径了解到一些老科学家对小学科学教育提出的最大期望是：要使学生保持热爱科学的情感。另有从对"千呼万唤始出来"的新课标研读中发现，在课程基本理念中也增加了"保护学生的好奇心与求知欲"一项内容。综上事实我分析：当前学生对科学学习的欲望是不容乐观的。除社会教育的一些负面作用外，作为科学教师，我们对科学课有责任吗？我们是否过多地关注了科学概念的深度而使学生望而却步？我们是否过于关注强化科学思维能力的训练而使学生疲于理性的约束？是否我们过于强调科学探究的程式乃至僵化，使得学生出现了对科学探究的审美疲劳？我们当然期望科学课能使学生获得更多的科学学习能力，但是如果以使学生丧失对大自然的好奇与求知为代价，这是得不偿失的，最终我们的良好愿景也会成为泡影。不妨我们先把脚步放慢一些，先把关注点做一个顺序上的调整，把保护学生的兴趣放到首位上来，将此作为一项基本原则去对待是否会更好一些呢？

第二节 《一块磁铁接近另一块磁铁时》教学设计

在我们当前的现实生活中，很多人善于对很多人和事做出带有主观意味上的定性判断，缺乏运用科学的方法、在有充足证据的前提下做出接近于真相的理性决策，究其原因，一部分与近代我们没有较为发达的科学发展历程有关，大多数民众对科学的认识及能做到科学地生活略显不足。这也就是培养学生科学核心素养的必要之所在。那么，面对这些不足，如何利用科学教育的途径，将这些不足补充和完善呢？在这个大前提下的科学课又该怎么设计呢？

本教学设计最为突出的特点如下。

（1）关注了学生证据意识与能力的培养。

磁铁两极相互作用的规律是很容易被发现和被证实的，所以，我们往往忽视证据的充分性。学生在本课教学中一直处于寻找证据的过程中，多角度多层面证据的收集会提高学生收集证据的能力，同时也会帮他们形成严谨的科学态度。

（2）在建立知识型概念的过程中，又进行了对科学知识发展的元认知。

本课从表面上来看是探究磁铁磁极间相互作用的规律，而暗藏着对"科学知识会遭到质疑，并通过寻找新的证据，获得完善或变化"这一关于科学知识本身的萌芽认识，这也是一件很有意义的事情。

一、指导思想与理论依据

磁铁磁极相接近时出现的现象是有规律的，这个规律的探索对于二年级的小学生来讲是一个他们可以完成、并很有趣味的探究活动。在此历程中，基于对未来合格公民科学核心素养培养的需求，我主要想进行两个方面的关注：一方面是在归纳磁极间相互作用规律的过程中，培养学生搜集证据的意识与能力，并对证据的充足性进行主动关注；另一方面是学生将会遇到对已建立的概念遭到质疑的经历，并自己尝试着通过获得实证对结论进行反思与验证，从而对科学本质中科学知识的完善与变化有一些了解。

新课标依然提倡探究式学习，鼓励"以证据为基础，运用各种信息分析和逻辑推理得出结论，公开研究结果，接受质疑，不断更新与深入"。

新课标科学探究目标中指出"初步了解通过科学探究达成共识的科学知识在一定阶段是正确的，但是随着新证据的增加，会不断完善和深入，甚至会发展变化"。

所以，在科学教学活动的设计过程中，证据、逻辑和质疑等关键词应该引起我们更多的关注。

在《科学教育的原则和大概念》一书中，关于科学教育的10项原则，有这样的阐述：

"第2个原则：科学教育的主要目的应该是为了使每个人能够参与有依据的决策和采取适当的行动，这对保证他们个人、社会及环境的健康和协调发展是重要的。基于此原则，我们可以认为培养学生对证据的认识是很重要的。"

"第3个原则：科学教育具有多方面的目标，科学教育应该致力于理解一些科学上有关的大概念，包括科学概念及关于科学本身和科学在社会中所起作用的概念；收集和运用实证的科学能力。基于此原则，我们应该认识到对科学本身本质的认知也是非常重要的，我们可以对实证的收集和使用看作是一种重要能力，这种能力需着重培养。"

二、教学背景分析

（一）课标的相关要求

在新课标中，本课属于"物质科学"领域，在该领域中，磁极间的相互作用规律是针对磁现象的研究。指向的主要概念如下。

6.机械能、声、光、热、电、磁是能量的不同表现形式。

6.5磁铁有磁性，可对某些物体产生作用。

6.5.2磁铁总是同时存在着两个不同的磁极，相同的磁极相斥，不同的磁极相吸。

（二）教学内容分析

《磁极间的相互作用》一课属于教科版《科学》二年级下册教学内容，属于《磁铁》单元，为本单元第6课。其前已有5篇课文：第1课《磁铁能吸引什么》；第2课《磁铁怎样吸引物体》；第3课《磁铁的两极》；第4课《磁极与方向》；第5课《做一个指南针》；其后有1篇课文：第7课《磁铁和我们的生活》。

所以，在本课教学活动开始之前，学生已经了解了磁性、磁极的相关概念，其中有两段经历对本课学习会产生以下积极的作用。

一是关于"磁铁可以隔着一段距离对一些物体产生吸引的作用"的探究实践经历。学生基于此经历必会对"当一块磁铁渐渐接近另一块磁铁时是否也会产生吸引或不吸引现象呢？"这一问题进行主动推理。

二是关于"磁铁能够指示南北"的探究实践经历。因为在他们的实验过程中，很可能会遇到两块磁铁相接触的意外情形，这为本课概念的建立积累了一些实证的片段。

另外，本课教学会为第7课《磁铁和我们的生活》中如"磁悬浮技术"提供知识上的支持。

（三）学生情况分析

现在已是二年级下学期，学生已经经历了三个学期科学课的学习，对于科学课的学习内容和学习方法已经有了一定的认识，并仍能保持着对科学探索的浓厚兴趣。其中，关于《物体与材料》单元的内容与本单元及本课同都是对物质科学领域的探究，所以对观察、实验、比较、分类和归纳等科学方法有了一些认识。特别是本单元第4课《磁极和方向》的学习为本课提供了很大的支撑，事实上，学生关于两块磁铁相互接近时所出现现象的经验很可能已经有了。

在这里，有一个特别说明，是关于本课课题的思考。教材中的这一课的题目是"磁极间的相互作用"，我认为这个题目呈现在小学二年级学生面前是不适合的，放在高年级的课题中较合适。针对低年级学生的年龄特点及词汇接受能力，我将本课题题目定为"一块磁铁接近另一块磁铁时……"。这是一个故事的开端，是以学生本课所经历的主要实验活动为核心的，更直接也更易理解。教参中使用的是"靠近"一词，而我觉得"接近"一词更能体现出在操作过程中"渐渐接近另一块磁铁"的操作要领，以期学生能关注磁极间相互作用的间隔特点和相互特点，也为将来"磁场"的存在认知建立基础。

（四）教学方式与手段说明

教学方式：实验探究式。

教学手段：通过实验收集充足证据验证假设、建立概念。

（五）技术准备与教学媒体

教具：板贴图片（曲别针、条形磁铁、环形磁铁、U型磁铁、环形磁铁辅助材料和小车等）；表演道具（写有"N"和"S"标识的图片，用橡皮筋连接，可戴在身上）；弹力球、篮球、磁力球（10个）、曲别针。

学具：每两人组成一个小组。每个小组材料有：条形磁铁（小号2块、大号1块）、环形磁铁（3块）、条形磁铁辅助支架（1个）、U形磁铁（2块）、小车（2辆）、强磁力球（1个）、小铁片（2片，并标有字母"N"和"S"标识）。

三、教学目标

（一）教学目标

1. 科学概念目标

两块磁铁磁极之间有着相互作用。当一块磁铁慢慢接近另一块磁铁时，总是相同的磁极相互排斥，不同的磁极相互吸引，这种同性排斥、异性相吸的作用在接近到一定距离时便会有所显现。

2. 科学探究目标

（1）能根据已有知识经验对磁极间相互作用现象提出猜想；

（2）能通过重复实验来收集磁极间相互作用的证据；

（3）能初步运用比较和归纳的方法从实验证据中发现磁极间相互作用的规律；

（4）能利用所学知识，解决"球形磁铁有南北极吗？如果有该怎样确定"的问题。

3. 科学态度目标

（1）能对磁极间的磁现象表现出探究兴趣；

（2）能与同伴合作，表现出有耐心、细致的科学态度；

（3）愿意倾听他人的意见，乐于分享自己的经验；

（4）能初步形成证据意识。

4.科学、技术、社会与环境目标

初步了解所学知识在日常生活中是可以应用到的。

（二）教学重点

通过收集足够证据探究磁极间相互作用的规律。

（三）教学难点

形成证据意识，并认识到科学知识本身是会遭到不断质疑，并可以通过新证据而得到完善的。

四、教学流程

基于磁铁可以隔着一定距离吸引铁质物体的已有认知，自然产生磁铁隔着一定距离慢慢接近另一块磁铁时会发生什么现象的问题，接着就可以按照科学探究的一般要素组织教学，学生将经历基于已有的知识和经验提出自己的猜想，然后去搜集尽可能多的不同层面与角度的较为充足的证据去验证自己的猜想，在交流的基础上建立关于磁极间相互作用的规律性认知。接着借用圆球形这种端极不明的特殊磁铁对已建立的概念进行反思，在主动进一步搜集证据的基础上，使已建立的概念得到完善，并初步认识到科学可以促进技术的发展。

所以，本课的主要活动是学生收集关于磁极间相互作用的现象证据。这个收集的过程可以有三个层面：第一个层面是以条形磁铁、环形磁铁和U形磁铁这三种不同形状磁铁各自磁极间相互作用现象为顺序；第二个层面是以磁力大小不同的磁铁间磁极相互作用现象为主；第三个层面是不同形状间磁铁的磁极相互作用现象。希望以此帮助学生形成对证据的充分性认识。

教学流程	师生行为	具体过程	教学意图
提出问题	教师创设情境	这个学习情境的创设由教师主动直接完成，采用在黑板上利用板贴可移动的图片边讲述边演示进行	直接导入本课，并有意识地将磁铁可以对一些物体产生作用作为一个较大概念进行认知。即磁铁除了可以对铁质物体产生隔着一定距离仍有吸引作用之外，还对磁铁也可能有着一些作用
做出猜想	学生小组讨论提出自己的各种猜想	在小组讨论的基础上，用角色扮演法将学生的猜想表演出来	由于二年级学生运用准确的语言表达自己意愿的能力略显不足，所以采用角色扮演的方法辅助学生可以直观、形象地表述自己的猜想，并使得学习更加有趣
收集证据	学生实验：条形磁铁磁极间相互作用现象	教师通过板贴图片的方法演示实验方法，提出实验要求，主要是教的方式，然后，学生不借助辅助工具直接操作两块条形磁铁，直观感知条形磁铁磁极间的相互作用现象	为使得学生能主动去发现磁极间可以隔着一定距离仍能发生不同的作用效果，教师直接演示方法、提出建议，利于学生接受
		教师主动创设情境：一块磁力强的大磁铁慢慢接近一块磁力较弱的小磁铁时会发生什么？学生提出自己的猜想并验证	当学生面对一个刚刚找到的规律（条形磁铁间的相互作用规律），突然遇到磁力强弱不同时是否还是这个规律的思考，一方面丰富了证据，另一方面也使得学生学会面对质疑主动寻找证据去验证
	学生实验：环形磁铁磁极间的相互作用	启发学生思考证据是否充足，在教师详细介绍辅助材料结构与功能的基础上，学生会很容易地自己进行实验的设计并实施	由于此次有三块磁铁，学生会做出更多的实验设计，也就使得证据更为丰富。为多块磁铁间磁极相互作用收集证据
	学生实验：U形磁铁间的相互作用 学生实验：不同形状磁铁间磁极的相互作用	教师直接出示小车，学生自行设计实验并实施	借助小车的自由移动，学生搜集U形磁铁间的磁极相互作用规律的证据简单易得，该操作能积极引发学生的操作兴趣，小车上的各种不同形状的凹槽提示学生可以进行不同形状磁铁间的磁极实验
得出结论	小组讨论，总结规律	教师引领学生归纳磁极间相互作用的规律	至此，证据已经较为充分，教师在这时要将科学准确、完整的表达作为重点

（续表）

教学流程	师生行为	具体过程	教学意图
质疑与应用	教师创设解决问题的情境	利用非实验室常用规则形状磁铁（球形）引发学生对已建立概念（两个磁极）产生质疑，并运用科学知识主动收集实证	这个环节的趣味性是很足的，可是我希望学生形成主动质疑、主动解决问题的意识，并体会到科学知识可以帮助人们进行发明创造

五、教学过程

本课教学过程，可以分成五个大的步骤。

第一步，提出问题。

第二步，做出猜想。

第三步，收集证据（收集不同角度与层面的证据）。

第四步，得出结论。

第五步，质疑应用，解决问题，完善结论。

第一步：提出问题——基于已有知识创设操作型学习情境。

1. 复习旧知：这一段时间，我们在科学课上一直在研究一种材料，叫什么？（磁铁）老师先考大家一个问题（教师一边提问一边利用板贴图片边讲述），一个铁质曲别针被放在桌面，不去动它，有一块磁铁的一个磁极慢慢接近曲别针，会发生什么事情呢？为什么？

2. 指定学生借助贴图板演示交流。

3. 创设情境，提出问题：（教师边利用板贴图片边讲述）如果这次是一块条形磁铁被静静放在桌面，不去动它，另一块条形磁铁慢慢接近桌面这块磁铁，会发生什么事情？

4. 指定学生借助贴图板演示交流。

【设计意图】通过一个磁铁吸引曲别针的情境，引领学生快速回忆磁铁吸引物体的情形记忆，并直接提出与这段回忆有关联的磁铁间靠近会出现什么现象的问题，简洁有效，学生易于理解和明确研究的方向。

第二步：做出猜想——以表演为策略辅助学生表达猜想。

1. 讲述：今天我们就来研究"当一块磁铁接近另一块磁铁时会发生什么现象"，（出示课题）小组同学先组内交流一下你们各自对这个问题的猜想。

2. 小组交流讨论。

3. 讲述：我们来模拟磁铁表演展现我们的猜想（教师出示表演道具，戴在自己身上）。同学们请看，老师现在就是一块磁铁了，这是我的南极，这是我的北极，哪位同学愿意表演另一块磁铁？

4. 指定一名学生和教师一起表演：学生表演在桌面静止不动的磁铁，教师表演主动接近的那块磁铁，学生通过自己身体的动作将自己的猜想表演出来。教师要请这名表演的学生提出自己猜想的证据。

5. 全班交流：还有别的猜想吗？

【设计意图】二年级学生语言表达能力略显不足，如何帮助他们准确表达出自己的想法就成为了我们要解决的问题。角色扮演的方法可以使学生把自己的猜想准确表达出来，并更为形象直接，学生间的信息交流也就更清晰快速，这种活动形式

是被学生喜欢的。教师的即时采访也渗透着科学猜想的证据方面的要求。这里，学生已有的知识经验会起到很重要的作用，学生很可能会给出正确的答案并受到多数人的支持，教师可以这样质疑：真的是这样吗？接下来我们需要怎么做？以此引导同学们继续探究。同时表演也为后续的实验操作暗示了实验方法。

第三步：收集证据——从多角度、多层面收集证据以进行完全归纳。

这是本课用时最长的环节。

过渡语：在科学课上，我们应该像科学家学习，如果是科学家也遇到了这个问题，也像我们一样有了自己的猜想，然后他们会怎么做呢？科学家会接着去想办法找证据，证明自己的猜想是否正确。我们都是小小科学家，今天也像科学家一样来通过实验找找证据。

（一）两块条形磁铁间相互作用实验

1. 讲述：我们先来看看条形磁铁会怎样。每组同学将获得两块条形磁铁，试一试它们在相接近时会发生什么现象，多做几次，可以用各种磁极相接近试一试。

2. 学生小组实验。

3. 全班交流：在实验时观察到什么现象？指定一名学生借用贴图板演示交流，注意引导学生表达手的感觉和现象显现时的时间。

4. 教师小结：通过实验，我们发现当一块条形磁铁接近另一块条形磁铁时，如果是相同的磁极则是吸不上的，并且我们感觉到磁铁间好像有什么东西阻挡它们接近，如果是不同的磁极则会吸上，并且在没有吸上之前我们就感觉到这种吸力了。

【设计意图】选用条形磁铁作为最开始的实验材料，是因为学生在前面课上的实验都是以这种形状开始的，学生熟悉度较高。没有借助任何辅助材料，是因为期望学生先获得感官感受，丰富直接经验，从感觉上找到相斥与相吸的存在。在交流时，教师关于现象与感觉的细致询问，也为学生形成细致、耐心的科学态度做出了努力。

5. 创设情境，提出质疑，进一步收集不同大小磁铁间相互作用证据。

（1）提出问题：刚刚我们实验的是两块小号的条形磁铁（教师出示大号条形磁铁），如果是这块磁力很强（教师演示这块大磁铁可以吸上很多曲别针）的大号条形磁铁接近一块小号的条形磁铁呢？还会出现刚才的现象吗？

（2）全班交流，提出猜想。

（3）小组实验，收集证据。

（4）汇报交流，解决问题。

6. 教师小结条形磁铁磁极间相互作用规律。

【设计意图】这个环节为教师刻意设计，是本课为达成"对科学知识的局限和发展性认知"指导思想的第一个活动。学生通过自己的动手实验，刚刚建立了"条形磁铁同极相斥、异极相吸"的一些认识，并由于是实证，学生会深信不疑，但当他们遇到大小、吸力差异悬殊的两块条形磁铁时，对刚刚建立的认识就会产生不由自主的质疑，这种质疑的争议是很有价值的过程，期望学生能够初步了解，科学知识本身也是会遭到质疑的，我们可以进一步寻找新的证据来解决。同时，这个环节也会为学生形成证据意识提供辅助。

（二）三块环形磁铁间相互作用实验

过渡语：如果是科学家，研究到了现在，会接着怎么做？（学生基于磁性与磁极实验经验，会提出做环形和U形磁铁实验）

1. 教师介绍实验辅助材料：环形磁铁支架和有凹槽的小车。

2. 学生自行设计实验收集证据。

3. 全班交流发现，指定学生借助板贴图演示。

【设计意图】这个环节是"教扶放"的"放"的环节，会给予学生一块较多的时间。学生已经具有了一些实验经验，相信他们是可以自己主动完成的。关于环形磁铁实验，安排了三块，是期望学生能出现两两相斥和相斥相吸同存的实验现象，使证据出现多层面的积累。另在条形磁铁实验后，学生可能会提出操作过程中发现了"反弹"现象，这时，教师要注意引导，借助弹力球撞击桌面而弹起的现象与同极相斥现象进行比较分析，发现它们的不同，同极相斥是在没有接触前就发生的，是一种非接触现象。小车的自由移动，使得相斥相吸现象会更明显，且学生会非常乐于此操作。小车上三种不同形状凹槽的结构，也会暗示学生可以用不同形状的磁铁装载进行相互接近实验，这也对证据的多层面和多角度的收集创造了条件。

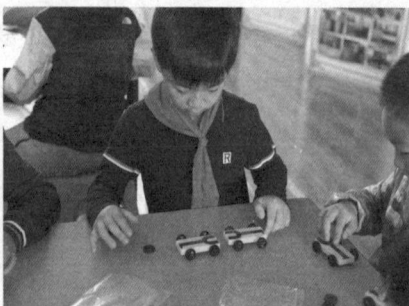

第四步：得出结论——归纳现象运用科学词汇建立科学概念。

1. 教师演示：将板贴记录进行移动分类。

2. 全班讨论：我们现在看一下我们都获得了哪些证据、发现了什么规律。

3. 指名表演：此次指定两名学生自己表演。

4. 教师小结，得出结论。

第五步：质疑与应用——以任务驱动运用所学解决问题，进一步收集证据完善知识。

1. 创设情境，提出问题：在这节课的最后，老师想请同学们帮我解决一个疑惑，我在商店里买了一条手链，可是我拆开一看，这条手链各个珠子间是没有线串着的，这是怎么回事呢？

2. 全班讨论，提出猜想。

3. 演示实验：磁力球吸铁。

4. 讲述：看来它还真是一块磁铁。可是它是一个圆球形状呀，它会有几个磁极呢？是两个吗？怎么找证据呢，能运用今天所学的知识设计实验吗？

5. 学生交流设计实验。

6. 分发材料：每组一个磁力球，几个小铁片，学生实验。

7. 汇报交流，解决问题，结束本课。

【设计意图】这将是一个很有意思的活动，相信对学生来讲也会产生较强的刺激与记忆。学生已经对磁铁有且只有两个磁极的知识十分了解，但是当他们面临"球形磁铁还是两个磁极吗？"的问题时，还是会产生动摇，所以后续的收集证据也就变得很有意义了。在教师的引领下，学生会想到用条形磁铁去接近磁力球各部位，根据"同极相斥、异极相吸"的规律来寻找磁极，这是本课为达成"对科学知识的局限和发展性认知"指导思想的第二个活动。同时也培养了学生运用所学知识和方法解决实际问题的能力。对于二年级学生来讲，这个逻辑推理的过程难度还是有的，所以此环节还需给学生更多的指导和时间。

六、板书设计

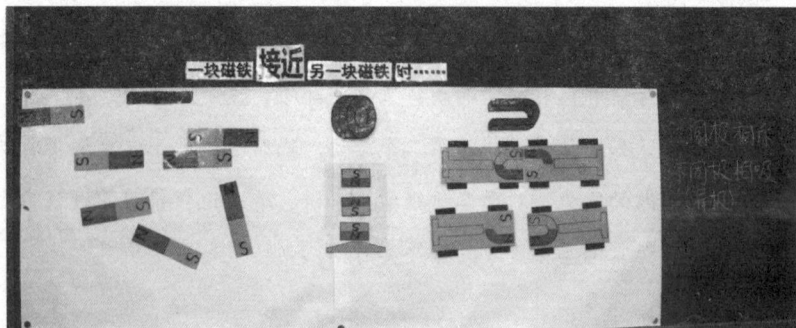

七、学习效果评价设计

评价方式：课堂学习情感的观察与学习任务的达成度。

评价量规		
优秀	良好	合格
探究兴趣浓厚，能在合作中主动设计与实施实验操作，并主动交流，通过逻辑推理建立概念，并能运用所学知识和方法解决实际问题，意识到科学知识是需要不断被质疑和完善的	探究兴趣浓厚，能在合作中主动设计与实施实验操作，并主动交流，通过逻辑推理建立概念，运用所学知识和方法解决实际问题遇到困难较大，对科学知识是需要不断被质疑和完善有一点意识	探究兴趣浓厚，能在合作中主动设计与实施实验操作，并主动交流，通过逻辑推理建立概念，不能运用所学知识和方法解决实际问题，没有意识到科学知识是需要不断被质疑和完善的

第三节 《影子》教学设计

一、教学设计

《影子》一课的教学设计有着以下两方面的特点：

1. 更加关注学生学习动机，并使之不断增强

在科学课上，学生紧紧跟着教师，在教师的安排下有效地完成着种种动脑思考和动手操作任务，并最终建立了相关的科学概念。这就是真正意义上的"学习"吗？

为什么一年级新生能表现出极强的愿望，而在小学升初中时却只有极少数学生表现出极强的愿望？这六年里发生了什么？我们忽略了什么？

我们期望学生在学校的每一天的每一节课上都能真正学习，有所收获，但并不是学生坐在教室里听教师讲课就会认真学习。只有当学生产生一些内在的心理变化或外在行为变化时，才有可能发生了真正的学习。罗杰斯提出："学习不是将无助的个体牢牢绑在凳子上，再往他们脑子里塞满那些没有实际用处的、得不到结果的、愚蠢的、很快就会被忘记的东西。"真正在"学"的是"从真实生活中有所发现，然后把这些发现变成自己的财富"的同学。毫无疑问，学生的学习动机可以加强并促进学习活动，但我们不要忽视，学习活动也可以增强或削弱学习动机。而事实是，孩子们的学习动机由低年级到高年级都呈现着逐年递减的趋势。

探究式科学学习对于儿童来说，本身就具有非常大的吸引力，所以小学科学的

学科生命力是十分旺盛的。我们对于这一得天独厚的优势应该充分地利用而不是扼杀。儿童的天性是"嬉戏"，而这一天性不应该被忽视。特别是在教学活动的组织形式方面，我们应尽可能地选择活泼的、有趣的、适合儿童年龄特征的、具有一些情感体验乃至情感冲突的活动形式，并以此促进儿童学习的欲望，增强学生的学习动机，并在此前提下高效完成对科学概念的建构，而最终使得这门学科的强大生命力得以保持。

《影子》一课的教学设计，在教学内容的选择与活动安排上，关注并促进了学生的学习动机的增强，为学生科学探究提供了情感方面的有效支撑。在教学内容上，我将本课的研究主题单一化为"影子"，这样就便于学生明确学习的任务；在教学活动的安排上，我将光源的概念调整到下节课，将手影游戏调整到本课的反馈应用环节。最主要的是，我将教材中对影子变化规律的几组探究实验进行了整合，整合成一个综合的动手活动——创造影子闯关游戏。一方面，闯关游戏的组织形式无疑是学生喜欢的，挑战可以增强学生的学习动机，还可以使学生增强自我成就感；另一方面，从以往的自己及他人的教学实践中，我发现学生对于教材中的实验（即根据一个影子的变化参考教材安排的实验步骤进行数据的采集）兴趣淡然，学生对于这种学习方式有些"麻木"，而且这种"麻木"在高年级呈现出一种普遍的趋势。

2. 以学生已有认知结构为基础，完成概念转变

关于本课的两个主要概念（影子产生的条件和影子的变化规律），本设计以概念转变的理论为指导，以学生已有认知结构为基础，以一个个教师精心设计的矛盾冲突情境和有趣的闯关游戏为内容，有效地完成了概念的重新建构。

所谓概念转变就是学生原有概念改变、发展和重建的过程，就是学习者由前科学概念向科学概念转变的过程。为此，教师必须充分了解学生相关的原有知识经验背景，了解学生有哪些错误概念，并充分运用学生的原有概念创设教学中的认知冲突情境，以此作为引发学生进行概念转变学习的契机。要转变学生的错误概念，仅仅告诉学生正确的概念是无效的，只有在激励性的情境中，在学生的前概念与科学概念的激烈碰撞中，才能解决前概念与科学概念之间的矛盾冲突，实现由前概念向科学概念的转变。

《影子》一课的教学设计中，关于影子产生条件的前概念学生认为只要有光和

物体就可以了。而科学概念是影子的产生需要光、不透明挡光物和呈影屏三个条件，这三者的位置关系需是直线且挡光物在发光物与呈影屏之间。因此，这个概念的转变应属于概念转变方式中的充实。充实指的是在现有的概念结构中概念的增加或删除，充实使得原有概念结构在量上进行扩充。在本设计中，教师为有效完成影子产生条件的概念充实，共精心设计了三个矛盾冲突情境，逐层推进，一步步使概念清晰完整。

矛盾冲突情境一：有光和挡光物就可以产生影子吗？

教师在本设计中运用一组小动画创设了一个矛盾冲突情境：有太阳、有一棵松树，却没有产生影子。学生在此情境下，自然将呈现影子的地方考虑进来，教师顺势出示"呈影屏"的名词，也就充实了部分影子产生条件的科学概念。

矛盾冲突情境二：有光、挡光物和呈影屏就一定产生影子吗？

教师在本设计中利用玻璃窗的影子为例，引导学生思考为什么窗户有的地方有影子，而有的地方却没有，学生就会关注到挡光物需要不透明的影子产生条件。

矛盾冲突情境三：有光、不透明挡光物和呈影屏就一定会有影子吗？

教师在本设计中演示了一个小实验：用手电筒创造有光的条件，天花板为呈影屏，手为不透明挡光物，教师将手置于光和呈影屏所在直线之外，不能出现影子，引领学生关注影子产生还需要严格的位置关系。

在《影子》一课的教学设计中，关于影子的变化规律，学生的前概念水平是：学生关注过影子长短、数量等变化，而对于其产生的原因没有进行系统的研究与认知。所以对于建立影子变化规律的较系统的概念转变，还需要学生更多经验的支持。因此，我设计了一个十多分钟的创造影子的闯关游戏，在这十多分钟里，学生会调动所有可以参与的感官与大脑参与此游戏，以积累足够的事实，为科学概念的转变提供支持。

二、授课效果

一节课四十分钟，我们往往期望这节课能实现更多的目标与任务达成。而实际上，求全求深往往会适得其反。我们应该更多地关注学生的积累与沉淀，更多地关注学生在课堂上的所得有多少对其将来的学习和生活能产生持久的影响。

近年来，在很多时候，我们开始强调了学习态度、情感价值观的培养。但事实上，我们研究更多的是科学概念的建构与科学思维的训练，不是说这些不重要，而是我们应更清醒地知道，缺乏了学习兴趣与动机的概念建立与能力获得就会像是无源之水、无根之木一样是不稳定、不持久和不牢固的。

通过本节课的课堂教学实践之后，通过回忆与总结，我反思了学生在这四十分钟里的经历，他们大多获得了以下几方面的收获。

收获一：在整堂课的教与学活动中，学生将会经历有时轻松愉悦、有时兴奋刺激的情感体验。这为学生"愿学"的心理倾向的逐步形成提供了支持。

收获二：在创造影子闯关游戏中，学生还会获得挑战成功的自我满足感，以增强学习的自信与勇气。

收获三：对于影子的形成条件和影子的部分变化规律的概念获得较完整、清晰的认知，这些认知为其他科学探究如光的直线传播、日食月食的成因、日晷圭表测时原理、太阳高度角等做出了铺垫与支撑。

收获四：在创造影子闯关游戏中，学生在观察、想象和对比分析等思维活动下，他们保持着创造的热情，既经历了失败也经历了成功，煅炼了意志品质，这些都使得学生的创造能力得到了一定提高。

一、教学目标

（一）教学目标

1. 知识目标

（1）影子是客观存在的。

（2）影子的产生需要光、不透明的挡光物和呈影屏，三者需在一条直线上，并且挡光物要在光和呈影屏之间。

（3）影子是可以变化的，影子的变化是有规律的（影子的大小、长短、形状和方向等变化与光照的距离、角度、位置和方向等有关）。

2. 能力、技能目标

（1）培养学生的观察、分析、归纳等科学思维能力。

（2）培养学生动手创造能力。

3. 情感态度价值观

（1）保持学生对科学探究的好奇心，增强学生的学习动机。

（2）增强对生活中常见现象的研究欲望，并体会到事物的变化是有规律的。

（二）教学重点

对影子的产生条件和变化规律形成一定的认知。

（三）教学难点

通过动手创造影子的闯关游戏，探究影子的变化及产生原因方面的规律。

二、教学用具

（一）教师用具

1. 图片与动画

被改动过的照片1——教学导入用。

PPT动画——太阳、松树、大地和树影。

照片1

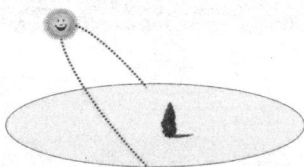

动画

照片图——探究影子产生的条件。

照片2

照片3

照片4

照片5

照片6

照片7

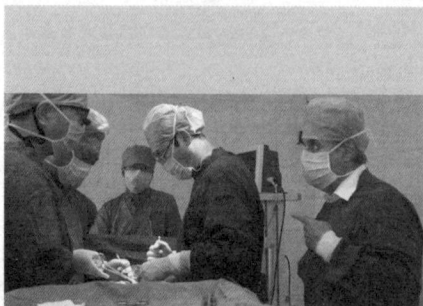

照片8

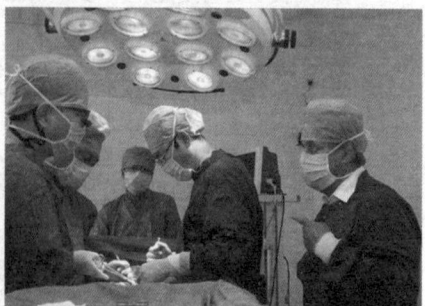

照片9

2. 实物

每组动手材料一套，A4白纸一张，印有方形影子纸卡一张。

（二）学生用具

每组一套动手材料，包括：一个文件袋、内装单珠手电筒一个（内装电池）、挡光物（废旧电池）一个、闯关卡一套。

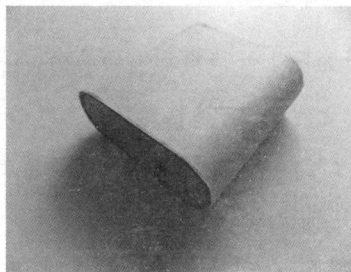

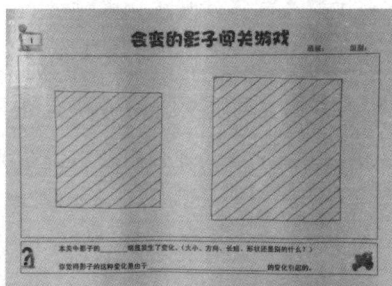

第1关

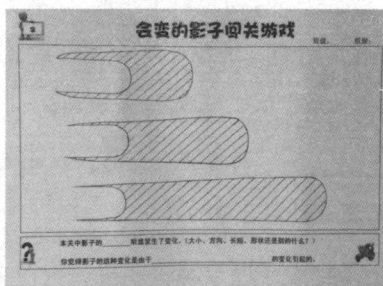

第2关

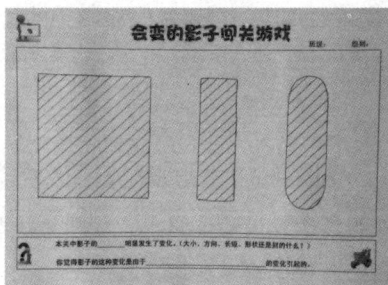

第3关

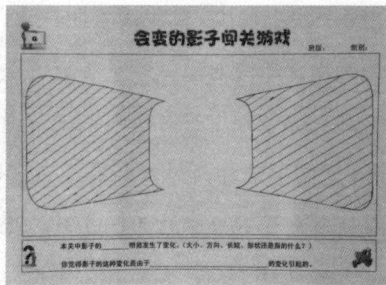

第4关

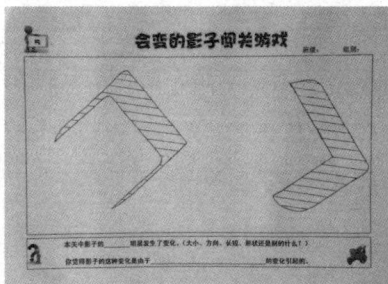

第5关

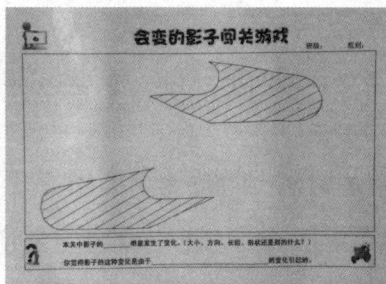

第6关

五、教学过程

【设计意图】教师用具中的动画1是为了帮学生认识到影子的产生还需要呈影屏；照片3是为了帮学生认识到挡光物必须是不透明的；图片6是为了帮学生认识到在月光下也可以产生影子（而月亮不是光源）；照片7是为了使学生了解一些人类对影子的研究与利用历史。

学生用具中挡光物的选取是出于能出现更多不同形状影子的考虑，在教材中的长方体在这个方面较弱了一些。6个关卡影子明显变化分别是：大小、长短、形状、方向、形状、方向（5、6两关有点巩固的作用），并且每个关卡的影子下面还有两个思考提示：在本关中影子的＿＿＿＿有着明显的变化，而这种变化是由于＿＿＿＿＿＿＿＿的变化引起的，以此促使孩子主动思考，寻找规律，避免进入纯"玩"而没有科学思维的误区。

（一）创设矛盾情境，明确研究对象

1. 导入语：今天这节科学课让我们从一张照片说起。

2. 出示照片1，引领学生观察照片，以发现照片中一根铅笔没有影子的错误。

3. 明确本课研究对象：影子（板书）。

4. 谈话：你亲眼见过影子吗？说一说。

【设计意图】这样的导入既有趣又省时，增强了导入的时效性，并对学生已有的影子经验起到了召唤的作用。在对"见过的影子"谈话过程中，教师要注意引导学生关注影子的样子和产生的具体情形，为下面探究影子做出铺垫。

（二）以学生关于影子产生条件的已有认知为基础，巧妙设计、逐步使概念完整

过渡语：既然同学们都亲眼见过真实的影子，我们不妨先来研究一下影子产生都需要什么条件。

1. 小组讨论后汇报，教师板书记录。

学情预计：学生大多对于影子产生的条件只关注到有光和物体。

教学策略：逐层推进，逐渐完整。

2. 出示动画1，认识影子产生还需要呈影屏。

（说明：教材中出现的是"屏"一词，因为在后面的小孔成像的学习过程中还有"屏"，而这两个屏是不一样的，这里是呈现影子，后面的是呈现像，所以采取了区分认识）

3.结合影子照片与图片，将影子产生条件的认识逐步完善。

照片3——认识到挡光物必须不是透明的。

图片6——认识到在月光下也可以产生影子（而月亮不是光源）。

照片7——了解一些人类对影子的研究与利用历史。

4.教师演示小实验：用手电筒创造有光的条件，天花板为呈影屏，手为挡光物，教师将手置于光和呈影屏所在直线之外，不能出现影子，引领学生关注影子产生还需要严格的位置关系。

【设计意图】关于影子产生条件的概念建立是最常见的概念转变——充实。充实指的是在现有的概念结构中，概念的增加或删除，以及对现有概念结构的区分、合并，以及增加层级组织，充实使得原有概念结构在量上进行扩充。

（三）以闯关游戏为组织形式，以创造影子为内容，完成对影子变化规律的一些认识

过渡语：影子在合适的条件下就能产生出来，我们下面就来进行一个创造影子的闯关游戏。

1.教师讲解注意事项

（1）创造的影子要与闯关卡上的影子图重合。

（2）闯关成功后还要完成各关卡后的思考题。

（3）建议动手前先观察比较一下每关中影子的特点。

2.小组操作（时间预计：10—15分钟）

操作方法见光盘中的照片

3.全班交流汇报

教学策略：在交流汇报环节，教师需要根据学生创造影子的实际操作情况和所展现出的闯关经验灵活处理，将学生的关注点逐渐推进到关注影子的变化与光照变化的关系上来。

4. 教师小结

影子是会发生变化的，而影子的种种变化大多和光照的具体情况有关。

【设计意图】在此，我们不妨根据对学生的了解，对于学生在此活动中内在的心理和外在的行为进行一个预想。

学生们在面对各个游戏的关卡时，会想什么？会怎样去做？学生初次见到关卡图时，对于图上的影子特点与组成首先要经历观察和对比的过程，发现一些特点，这时，在他们的头脑中会对创造这组影子的动作进行一定的模拟。之后，他们会迫不及待地进行动手尝试，在尝试过程中，学生会经历失败—反思—再尝试—再失败—再调整等过程，直至成功获得自我满足。

学生的这种经历和教材原本的安排（原教材安排的是将影子变化与光照的关系分解为三四个子问题，并按照教材的提示分别采集证据进行分析）在教学效果方面有什么区别呢？首先，学生在参与学习活动的主动性上要强一些，其次科学概念的转变是在学生的自我修正的过程中完成的，这就极大地保证了科学概念的转变成功。

（四）结合生活中的需要，解决使影子消失的问题

过渡语：聪明的同学们创造出了这么多的影子，真棒！可是我们在现实生活中有时是不需要影子，需要使影子消失的，那么什么时候人们会有这种特殊的要求呢？

1. 全班讨论。

2. 师生配合实验：使影子消失。

教师利用学生学具中材料，先创造出一个影子，请各组学生积极配合（将各组的手电筒都集中照射到挡光物或影子上），直至影子逐渐变淡。

3. 出示动画2，介绍无影灯。

【设计意图】学生将经历创造出影子——再让影子消失的过程，一方面学生乐于参与这个主动性强而又富于挑战的活动；另一方面对无影灯原理有了一个初步的认知。

（五）欣赏有趣的手影表演，巩固所学，使好奇心与学习动机得以保持

1. 学生欣赏视频《有趣的手影表演》。

2. 教师在学生欣赏视频过程中，随机针对视频中影子的变化提出有针对性的问题，促进学生利用所学。

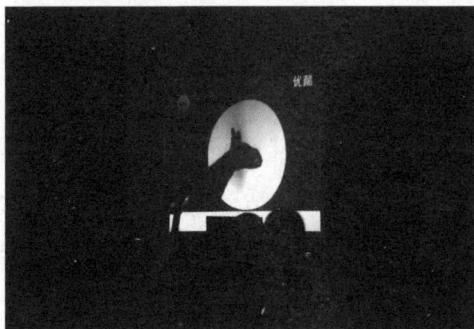

六、板书设计

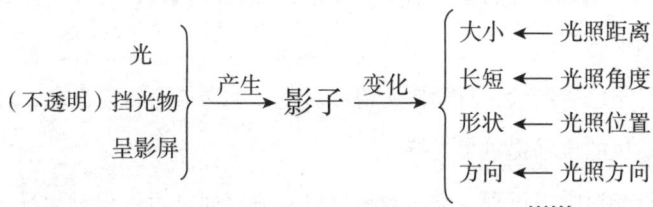

$$\left.\begin{array}{c} 光 \\ （不透明）挡光物 \\ 呈影屏 \end{array}\right\} \xrightarrow{产生} 影子 \xrightarrow{变化} \left\{\begin{array}{l} 大小 \longleftarrow 光照距离 \\ 长短 \longleftarrow 光照角度 \\ 形状 \longleftarrow 光照位置 \\ 方向 \longleftarrow 光照方向 \\ \cdots\cdots \end{array}\right.$$

七、教学反思

嬉戏是儿童的天性。而我们的基础教育无论是教材还是教学活动的设计与实施者们，又有多少真正考虑到他们的天性呢？我们看到更多的是天真烂漫的年华在一天天被繁重乏味的学习活动消耗着；我们看到更多的是浓浓的探究热情被一个个缺乏趣味、缺乏情感、千篇一律的探究活动在一点点磨灭着；我们看到更多的是满怀真挚之情的眼神在一种种机械、冰冷的学习方式下变得越来越冷漠。每当我看到或想到这些，我都会有一种恐怖的担忧。

特别是有着科学启蒙使命的小学科学学科，本来它是一门非常适合儿童的具有强大生命力的学科，但是由于我们对科学概念建立的完美追求，对科学概念深度

的过度关注，我们往往忽视了学生内心的情感需求。相对于概念的获取、能力的获得，学生学习动机的持续保持和不断升温，需要更多教育者的关注与支持，这是一个更加需要教育智慧与热情的使命级的任务。

关于《影子》这节课的教学，我在设计的过程中，积极主动地从关注学生在学习过程中学习动机的角度出发，进行了一个较大胆的尝试，获得了较好的效果。

适合儿童年龄特点和心理需要的教学内容与组织形式的契合，保持了学生的学习兴趣，增强了学习动机。

在课堂上，对于影子产生条件的教学内容，我采用的是真实照片、情景再现的形式安排的。一方面，贴近真实的生活，唤起学生已有认知经验的参与；另一方面，一个个有针对性的矛盾情境的逐步呈现，很好地使概念逐渐清晰完整，学生学起来不累，不知不觉间就知道了影子变化的规律。

关于影子变化规律的教学内容，学生在生活中的经验较少，所以我采用的是创造影子闯关游戏的形式。游戏的形式是学生喜欢的，并由于创造指定的影子是有难度的，需要学生积累足够的实践信息才能进行准确的认知，这时，提供了十多分钟的动手操作的保障。

学生立足于已有经验，科学概念得以转变，创造能力得以提高、自我成功的满足感为学习动机的增强提供了支持。

学习动机能对学习过程、学习效果提供支撑。而学习过程对学习动机来讲，有着正面与负面的双重作用，可以表现为增强，也可以表现为削弱。

经过对比教学实践研究，我发现对"经典"的提出问题、做出假设、设计方案、实验取证、分析数据、得出结论的科学探究程序，在经历过一段时间后，部分学生表现出学习怠惰、兴趣缺乏的状态；而对于角色扮演、闯关游戏、科学小话剧、科学故事等活动，却表现出极大的参与热情。所以我认为，科学探究活动在活动的组织形式上应力求多变和趣味，避免千篇一律，增加更有生命力的富含情感的课例。

在本课教学过程中，我在活动的设计上，经过深思熟虑最终选用了闯关游戏的形式，就是出于这些方面的考虑，努力避免科学探究上出现"审美疲劳"。这样的安排教学，在概念的建立过程的严谨程度上可能会有所欠缺，在数据的获得与准确上也会有不足，但也是有所得的。从这节课的课堂效果看，学生参与学习的态度一直很积极，学生活动的参与面也很广泛。从课堂上学习反思讨论时学生的发言中，也发现学生的概念建立还是很牢固的，达到了预期的效果。

当然这节课还有一些不足之处，如：关于影子产生条件可否不由教师引领，给学生足够时间，从怎样产生影子和怎样不会产生影子两个角度让学生不断自我总结、修正，直至清晰完善。再如：关于影子的变化规律是否可以再多给学生一些时间，再加入多种因素共同参与变化的影子创造，使学生能获得更多的提高与锻炼。

虽然，课改多年，但是作为一名从事这门学科教学二十多年的基础教育工作者，我想把我的一些担忧提出来。不管是本土的还是舶来的教育教学理论，都不可忽视人性的存在，也都不能忽视孩子们的情感倾向，因为人性是永恒的主题。

第四节　《小孔成像》教学设计
——基于探究要素培养的设计

科学探究一直是科学教学中非常重要的学习方式，但是在现在教学中的科学探究主要关注探究的形式和过程，并不重视学生的积极思维、思维能力、交流合作能力等的培养，而这些正是科学素养最核心的成分。因此，在科学探究中突出思维、交流等，是落实"立德树人"目标的基本需要。这次课程标准的一大亮点就是重视学生的积极思维，强调不仅要在做中学，更要在学中思，要把动手和动脑相结合。

在这次新课标中，为了避免再出现教学中的程序化、僵式化而不重视学生思维的倾向，课程标准没有强调科学探究的程序，而是指出科学探究的要素，在这里，要素是指重要的元素，不是八个过程，希望在教学过程中能灵活处理。

一、指导思想与理论依据

（一）指导思想

课程标准中提出科学探究包含提出问题、做出假设、制订计划、搜集证据、处理信息、得出结论、表达交流和反思评价八个要素。引领学生对某一个或两个要素在课堂上进行专项训练，这是设计本节课的初旨。做出假设是探究式教学中的重要环节，学生做假设的能力水平高低直接影响着科学探究能力的水平，在教学中培养学生做假设的能力具有重要的意义。

假设是指对探究的方向和可能出现的实验结果进行推测。假设是一种探究技能，技能是可以通过训练提高的，并且依赖于教师引领的活动，在活动中形成和发展起来。假设能力是一种重要科学思维能力。科学思维的品质与方法是科学思维能力的重要组成部分。因此，培养学生假设的能力必须贯穿在科学探究活动中的过程中，将方法和品质的训练作为培养学生假设能力的突破口。本节课就是通过一系列有进阶的假设活动使学生的科学思维能力得到发展与训练，激发学生做假设活动兴趣，使学生乐于猜想；帮助学生建立认知结构，打好做出假设的知识与能力基础，通过方法的指导训练让学生善于假设。

（二）理论依据

"探究学习理论"表明，假设和实验是科学探究的重要核心。简而言之，科学探究就是对一个问题做出假设，然后用实验对假设进行证明的过程。探究者根据自己已有的知识经验基础对所要探究的问题提出各种各样的假设，已有知识经验水平就决定了假设的可靠性，已有知识经验越丰富，假设就越科学。科学实验是进行科学探究的主要方式，其地位和作用是其他任何形式和方式无法替代的。探究性实验的教学是一种很好的探究活动形式。探究性实验的教学主要通过"问题—猜想与假设—实验验证—实验结论"的过程完成。故假设技能的培养，应通过具体的假设活动来培养，尤其是通过实验探究活动来培养。

在本课中，教师提出"小孔成像会成什么样的像"这个问题带领学生进入探究过程，通过提供三个不同的成像屏来进行三次有层次的探究活动，学生会进行三次假设完成三次探究实验的观察来检验自己假设的结果，在三次探究活动过程中不断提高自己做假设的能力。最后，在反思性学习中总结做假设的方法，得到本节课的学习成果。

二、教学背景分析

（一）在课标中的位置

在新课标中，本课属于"物质科学"领域，该领域最大的价值在于启蒙小学生初步形成观察自然界的物质意识、运动与变化意识和能量意识。光是学生天天接触到的自然现象，它是能量的一种表现形式，人类能够通过视觉感知周围世界就是有赖于光。科学始于观察，小学生对自然界的认识也离不开大量的观察和实验活动。《小孔成像》则是通过一系列的观察与实验形成观察自然界中光这种能量的意识。

（二）在教材中的位置

本课教学内容《小孔成像》源于首师大版学五年级下册第三单元《光与生活》中《光的传播》一课的一部分，经过对教材的分析，我对教材进行了再处理。将小孔成像的实验作为本节课的探究重点，通过对所成像的探究活动训练和提升学生的探究能力。

（三）学情分析

认知特点上：四年级学生处于认知阶段的具体运算阶段，以具体形象思维为主。学生关注的大多是具体的看得见的物体，是有局限性的。在本课中需要依靠教师的引领来进行探究活动，并在探究中积累经验、丰富知识，逐步提高自己的探究能力。

知识上：光是学生天天都接触到的，知道人类能够通过视觉感知周围世界有赖于光。但是对于小孔成像这个实验只有部分学生听说过，没有亲自做过，对于小孔会成什么样的像没有了解。

能力上：学生在经历了三年的科学学习有了简单的观察、记录能力，表达能力以及实验能力，这些能力都是本课学习活动的基础。

（四）教学方式与手段

教学方式：实验探究式。

教学手段：有层次的动手实验探究。

教学中可以展现教学层次，"观察成像屏上的像"这个连续的活动形成一个连续发展的事情情境，引发学生对"成像"多次观察和描述，逐步提高自己做出假设的能力。

（五）教学准备

蜡烛、小孔屏、成像屏、火柴、废物盒、记录单。

三、教学目标

（一）教学目标

1.科学知识目标

通过本课教学，希望学生能够对小孔所成的像进行关注，并在动手操作与积极思考中，发现由于光沿直线传播，小孔所成像是倒像，以及像与孔的对应关系。

2.科学探究目标

通过本课教学，学生做出假设的科学思维能力，有机会获得一定训练与提升。

3.科学态度目标

通过本课教学，学生在产生认识冲突后主动参与到探究活动中，积极参与交流和讨论，实事求是地描述观察到的现象，勇于改正自己的观点。

4.科学、技术、社会与环境目标（联系生活实际）

了解小孔成像在日常生活中的应用，知道科技能够让生活更美好。

（二）教学重难点

教学重点：通过本课教学，希望学生能够对小孔所成的像进行关注，并在动手操作与积极思考中，发现由于光沿直线传播，小孔所成的像都是倒像，以及像与孔的对应关系。

教学难点：在三次探究活动中逐步提高自己做出假设的能力。

四、教学过程

本课的教学过程，可以分成三个大的步骤：第一步，复习引入，提出探究问题，回顾已有知识；第二步，实验探究，积累直接经验，逐步提高假设能力；第三步，进行反思性学习，固化学习成果；第四步，拓展总结。

（一）复习引入

（1）提问：还记得这个人吗？他是谁？

预设1：他叫墨子，他做了一个实验叫作小孔成像。

预设2：他是墨子。——继续提问：上节课我们学习了墨子的什么相关知识？

（2）提问：小孔成像这个实验我们是怎么做的？看到了什么现象？

预设：看到蜡烛的火焰通过小孔成一个倒像。

（3）提问：哪位同学记得为什么会成倒像？可以到前面边画边说。

预设1：因为光沿直线传播，所以形成倒像。

预设2：学生画光线，火焰顶端的光线通过小孔到了下面，下面的光线通过小孔到了上面。

（4）小结：通过同学们回答，我们回顾了上节课的内容，看来同学们上节课听讲认真，很有收获。老师还清楚地记得我们班有（多少位）同学都猜对了！

【设计意图】通过墨子的图片进行引入，学生会较快地进入到上课的状态。教师通过提问，带领学生回顾关于小孔成像实验的现象及产生原因，为后续教学做好铺垫。

（二）实验探究

1.两孔探究之初次探究：那么接下来，要有一个难一点的挑战，如果火焰通过两孔屏会成什么样的像呢？

（1）学生进行两孔猜想：没关系，慢慢猜，每位同学手中有一张记录单，把你的猜想画在记录单上，并简单写写为什么这么猜。教师注意介绍记录单的使用方法。给2—3分钟的时间。

（2）学生汇报猜想。

情况1（有实投）：要求拿着记录单，在投影上展示清楚，边指边说。

情况2（没有实投）：拿着记录单，把猜想画在成像屏上，边画边说。

预设1：一个正着的像。

预设2：一个倒着的像。

预设3：两个倒着的像，一个正着的像。

适当追问为什么这么猜。

过渡语：现在我们班有（几）种猜想，究竟哪个才是科学事实呢？我们要通过实验来观察一下。

（3）实验要求：

①注意安全。

②千万不要忘了我和你们说过的找到清晰的像后再观察。

（4）学生进行实验，教师巡视进行指导。

（5）学生汇报交流，看到了什么样的像。

（6）小结：通过实验，我们观察到两孔屏会成两个倒着的像。统计猜对的人数（组内互相检查）。虽然这次猜对的人数没有一孔多，但是这次猜想能够猜对真是不容易，毕竟两孔的实验几乎没有同学做过。无论猜对猜错，这次猜想都很有价值，它又帮助我们积累了一次宝贵的经验。

【设计意图】本环节的设计与一孔猜想是具有连续性的，希望通过考察已有的知识及实验事实来提供科学思维材料。有了上一环节的基础，实验对于学生难度相对来说不高，所以这一环节教师给学生提供有两个孔的屏，让学生猜想会出现什么样的像，学生会在潜移默化中反省上一阶段中所积累的经验基础，进行有根据的假设，进一步加深对学生假设能力的训练与提升。

2. 两孔探究之再次探究

（1）过渡语：但是老师还有一个疑问，两孔屏会出现两个像，那么像与孔之间是怎么对应的呢？能不能就这个实验现象再猜一猜。

（2）学生汇报猜想，可以借助记录单也可以在黑板上指着说，教师适当追问为什么这么猜。

（3）提问：如何用实验的方法验证孔与像的对应关系？

预设1：用手指按住其中一个孔再观察（教师引导学生到前面边指边说）。

预设2：用遮挡住其中的一个孔再观察。

（4）实验要求：注意安全，尤其是手指不要被烫到。

（5）学生汇报，学生到讲台前边指边说按住哪个孔哪个像消失了，并指出这一现象的原理。

（6）小结：给予鼓励，表扬。此次我们又有了新的收获。不仅知道了两孔屏会成两个倒着的像，还了解了像与孔的对应关系。同学们又一次积累了直接做实验的经验。

【设计意图】教师的追问，再次引发学生探究的欲望，在猜想上又加深了难度。从科学思维的培养上，力争通过观察与实验获取事实，描述实验现象，为做出假设做积累。

3.三孔探究

（1）提问：如果老师再给大家一个机会，小孔屏上有三个孔，那么会在成像屏上成什么像？你为什么这么猜？

（2）组长发记录单，学生在记录单上进行三孔猜想。

（3）学生汇报自己的猜想，要求拿着记录单边指边说，追问为什么这么猜及像与孔的对应关系。

预设1：成三个像且是一一对应的关系。

预设2：三个像重叠，一一对应关系。

（4）实验要求：①注意安全。②找到清晰的像再观察。（学生实验，教师巡视）

（5）学生汇报实验现象，教师统计猜对的人数。

（6）小结：这次实验我们有××位同学猜对了实验的结果，几乎全班都猜对了，看来同学们的猜想水平已经有进步了。给予表扬、鼓励。

【设计意图】本环节的设计与前两个环节具有连续性，猜想难度再次升级，但是基于前面的知识和经验这一环节有更多的学生假设正确，学生体会到了成功的乐趣，也间接说明学生做假设的能力再次得到了训练与提升，学生的科学思维能力得到了进一步培养。

（三）学习性反思

1.过渡：你们三孔怎么猜得那么准啊？谁来分享一下？

预设1：我发现一个孔是一个像，两个孔是两个像，所以猜对了。（引导学生发现规律）

预设2：因为学过光线的传播，所以猜对了。（介绍新知识）

预设3：……

2.过渡语：很好，同学们的方法都挺棒的。三孔猜想通过结合知识和做过实验发现的规律就能猜对了。如果今天不做两孔实验，直接做三孔的，容易猜对吗？

预设：不容易。

3.小结：看来做两孔实验这件事是非常有意义的。做实验的过程就是在帮助我们积累经验的过程，看来我们也不能忽略经验的重要性。好了，同学们坐好，接下来老师要和大家说一件很重要的事，我们今天做的小孔成像的猜想活动在科学上叫作科学假设。这是我们科学课中很重要的一项本领，经过今天的学习大家是否觉得我们掌握的科学知识和亲自做过的经验，可以帮助我们做好科学假设呢？

4.看时间决定拓展活动

（四）拓展活动

1.现在老师这儿又有一个好玩的东西，1，2，3，（出示四孔屏）这次的小孔屏怎么了？

预设：是四孔的，而且是两行了。

2.提问：那么你能结合刚才所学的做假设的方法，说一说你觉得会成什么像？为什么？（到前面一遍摆一边说）

预设1：四个倒着的像，与孔一一对应。

3.结束语：关于科学事实究竟是什么样的实验我们下节课再做。通过今天的学习，科学的假设能力可以通过……得以提高。并且小孔成像在生活中也有很多应用，例如照相机等，它们的发明让我们的生活变得更加美好。

【设计意图】拓展环节并没有结束对学生思维能力的培养，教师让学生进行反思性学习，总结自己在做假设上有什么经验收获，以此来提高自己做假设的水平。最后教师通过介绍小孔成像在生活中的应用，了解到科技能够让生活更美好。

五、板书设计

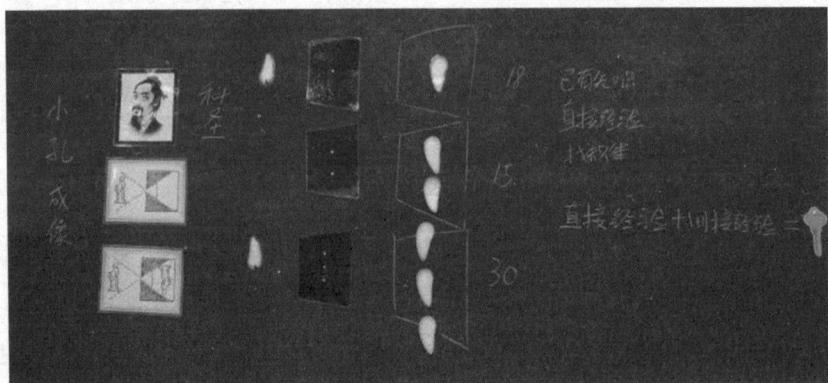

六、教学反思

整节课对于学生来讲，就好像来到了一个个密室面前，每推开一个密室的门之前他们的内心都会有着什么样的情感呢？有期待、有自信、有彷徨、有疑惑；而每当推开门之后，他们又会有着怎样的情感变化呢？有喜悦、有沮丧、有若有所思、有继续推开下一扇门的急不可耐。所以，在一节课中，学生的情感变化是复杂而各异的，但是总的变化曲线又是有着集中的趋势。这种有情感或者情绪的变乱经历对学生来讲有什么意义吗？他们得到了什么教育价值呢？是科学态度、科学品质、关键能力？还是非智力因素的发展。

从学生心里素质的发展角度分析本节课学生的收获，也是一个值得我们去思考的方向，因为我们知道教育有着一个重要的目的，人是社会化个体，社会需要把他们变成社会需要的人，社会需要的人的心里品质包括情感训练，同时社会还需要个体的个性，在每一个活动中，不同孩子的经历又由于自身的素质不同而产生了不同的情感变化过程，也就造成了最终的成长过程的差异与个性的不同。

学生在将来的生活中，难免会遇到与本课类似的经历，即会遇到生活中的问题，例如：有很多人说将会发生地震，此时，这件事将来会发生还是不会发生，他们自己就需要进行一个预测，那么一个经过科学假设技能训练的人会怎样想或怎样做呢？他们会依据自己学过的知识和经验去做推理分析，地震形成的原因的相关知识他们学过，而经验对于个人自身肯定是非常少的，这时，他们会产生怎样的证实和不证实推理？一种推理是如果人们都说地震会发生，那么地震就肯定会发生；现在人们都这样说，所以地震会发生；结果地震真的发生了，所以我们开始的观点是正确的。另一种推理是如果人们都说地震会发生时，那么地震就肯定会发生；现在人们都这样说，所以地震会发生；结果地震没有发生，所以我们开始的观点是错误的。他们还会依据自己学过的知识进行判断，如地震预警的常识等，根据自己的观察用证据做出科学的预测。

七、评析

第一，科学探究学段目标的落实（或者说是科学探究过程技能的发展）。

有一点是明确的，科学教学的意义并不只在于科学知识本身，更重要的是获取科学知识的过程。具有科学素养者应该能运用科学探究过程的技能来解决问题。因此强调科学探究过程与科学方法的学习就成为科学课程的主要目标之一。

新课标专门提出了科学探究目标。课标从提出问题、做出假设、制订计划、搜集证据、处理信息、得出结论、表达交流、反思评价这8个要素描述了科学探究的学段目标。本课教学，凸显的是8个要素中的"做出假设、制订计划、搜集证据"这3个要素的目标落实。而其中"做出假设"方面更突出些。

由于本课参与教学活动的是四年级的学生，我们来看课标中关于3—4年级科学探究学段目标的具体描述：

做出假设：在教师引导下，能基于已有经验和所学知识，从现象和事件发生的条件、过程、原因等多方面提出假设。

制订计划：在教师引导下，能基于所学知识，制订简单的探究计划。

搜集证据：在教师引导下，能运用感官和选择恰当的工具、仪器，观察并描述对象的外部形态特征即现象。

这节课，课前、课上教师引导学生进行了四次猜想和搜集证据活动。老师们可能已经注意到，每名学生手上都有一本猜想活动手册。

这四次猜想，如果我们给它们一个更准确的定位，第一至第三次猜想可以理解为预测，即根据现有证据和既往经验对将来的事情做出推论。而第四次猜想学生已经自觉形成了一个规律认识，这已经是一种假设，学生的此次猜想是基于这个假设做出的预测。

不管是预测、猜想还是假设，都有着由简单到复杂，由单因素到多因素，由不正确到逐渐接近正确，以"渐进"形式发展的心理特点。都有着不确定性、合理性、生成性和多样性的基本特征。

第一次猜想：一孔成像。学生由于没有或很少有与之相关的知识和经验，所以这次猜想的结果与事实相符的人数很低。这次猜想与假设的事实证据是在第二次猜想与假设后获得的。

第二次猜想：还是一孔成像。虽然猜想内容与第一次一致，但是此次猜想是学生在学习了一个知识（光在空气中是沿着直线传播的）之后进行的，正是由于这个知识基础，学生的这次猜想的结果与事实相符的人数增多。

第三次猜想：二孔成像。它是本课的核心活动。它又分为两个步骤。

首先关注的是像的数量和位置。这次猜想学生基于的是一个知识和一个经验。这里我们可以把知识和经验都理解为事实：知识是概念性事实，经验是经验性事实。

经验性事实——是由直接明确的、经观察得来的证据支撑的事实。

概念性事实——人们深信不疑的一些观点。

所以在二孔成像的猜想之前，学生增加的是经验性事实的积累，学生的猜想与未来事实的相符人数也就有所增加。

接着在教师引领下，学生对二孔成像又进行了有针对性的猜想。这次关注的是像与孔的对应关系。由于关于此关系学生没有明确的经验性事实积累，所以此次猜想与未来事实相符人数没有明显增加。这次活动学生还经历了一次制订计划的要素目标落实计划。

第四次猜想：三孔成像。多次的教学实践中，学生都表现出猜想与未来事实相符人数较高的结果。分析其原因，我们会发现，此次猜想是因为学生已有的事实有所增加所致。首先基于学生的概念性事实有所增加，这次其实学生内心中已经有了一个假设，或者说他们已经不由自主地运用了一个规律，即几个孔就会有几个像，并且像与孔是逆向对应的关系。再加上二孔成像的经验性事实，这些事实都为学生提出合理猜想提供了帮助。

至此，由于学生的已有知识经验的不断变化，不断积累，学生的猜想与假设也就随之产生变化与发展，学生的猜想由做出预测开始朝向做出假设前进，他们的探究过程技能也就得到了一定的训练。并且在老师及时引领学生进行了课堂学习反思，学生从这节课的经历和板书中不难发现，猜想的合理性和与未来事实相符程度是可以提高的，这需要更多知识和经验的积累。这也许会成为学生参与科学探究活动的原动力之一。

第二，逻辑推理能力的训练。

除第一次外，学生进行的其他猜想都是一个推理的过程。本课中，学生基于概念性事实和经验性事实（知识和经验）做出的"预言"属于证实推理（当然，对于那些猜想与事实不符的学生来说，他们的推理过程出现了问题，要么对概念性事实的理解不到位，要么对经验性事实的解释不深入。但对于推理而言，都是一种训练）。

对科学来说，我们一直都在运用证实推理模式。一般来说，当我们以某个特定理论为基础得出某些预言，而这些预言后来又被证明是正确的，那么这些预言就至少提供了某些证据，来证明这个特定理论的正确性。

如果我们用字母T代表某个理论，字母O代表以理T为基础得出的一个或几个预言，那么，我们可以用下面这个示意图来表现这个推理过程：

如果T，那么得出O。

证实O（O是正确的）。

所以T（非常有可能是正确的）。

如，本课学生关于三孔成像的推理过程：

如果T（蜡烛火焰的光会穿过小孔在成像屏上成倒立的像，并有几个孔就会有几个像，像与孔的对应关系是逆向的），那么得出O（光穿过三个小孔会在成像屏上看到三个倒立的像，并与孔的对应关系是这样的……）

经过实验观察，获得事实证据证实O是正确的。

所以T非常有可能是正确的。

有一点需要我们注意，有时证实推理模式并不能保证结论的正确性。也就是说，证实推理所能达到的最好程度就是为某个理论提供支撑，但是不管存在多少被证实了的预言，仍然会存在这个理论不正确的可能性情况。例如：小孔成像真的是我们经证实推理形成的理论所说的那样吗？这将会在未来的物理课上得到进一步的完善或者发生变化。

到那时，我们可能就会达成课标中，关于科学探究总目标第4点"初步了解通过科学探究达成共识的科学知识在一定阶段是正确的，但是随着新证据的增加，会不断完善和深入，甚至会发展变化"的落实，虽然可能久远些，但这节课为了这个目标的落实迈出了有准备的一步。

第五节 《导体和绝缘体》教学设计

本节课所选用的教材是江苏汉博教育培训中心编写的"做中学"探究式科学教育主题模块——《神奇的电》（四年级）的内容，具体内容是第一部分的第5课《导体和绝缘体》。

本课所涉及的内容在课程标准中的具体体现是物质世界的具体内容标准中的能量的表现形式之四：简单电路的第三条——知道有的材料容易导电，有的材料不容易导电。

本课是在学生已经了解了电在生产生活中的广泛用途，已经知道常用电器的工作需要一个完整的回路，并能在用一些基本的组件连接一个简单电路的基础上，利用已有知识经验进行关于电流流过不同物质的不同情况的探究活动。

关于这项活动，教材安排的目的有二：一是培养学生利用实验的手段探究问题答案的意识和能力；二是通过实验，使学生对常见材料的导电性能有所了解，知道电流流过不同物质的情况是不同的。而通过前测发现学生对于"电流流过不同物质的情况是不同的"的认知程度是很高的，有的学生还知道"导体"和"绝缘体"的词汇。由此可见，该活动的第二个目的就略显浅显，对学生的吸引力也不够。因此对于这个活动的教学目的需要进行重新定位。

一、教学目的

（一）科学概念

1. 这节课为学生介绍以下概念

电流流过不同物质的情况是不同的，有的物体容易导电，叫导体；有的物体不容易导电，叫绝缘体。

2. 概念发展

层次1：学生不能理解电流在流过不同的物质时情况是不同的。

层次2：学生了解电流在流过不同的物质时情况是不同的，但不会运用工具对其进行分类。

层次3：学生了解电流在流过不同的物质时情况是不同的，并能运用工具对其进行分类。

（二）科学探究

1. 这节课可以为学生提供发展以下探究能力的机会

（1）学会使用相应的测量工具。

（2）预测、观察、描述和记录电路实验的结果。

（3）培养学生分工合作的能力。

（4）根据现象构成一个合理的解释。

2. 探究能力

层次1：学生不能自己设计检测电路对物体的导电性能进行检测。

层次2：学生能自己设计检测电路对物体的导电性能进行检测，但没有将现象作为证据形成对物体的导电性能的认知。

层次3：学生能自己设计检测电路对物体的导电性能进行检测，并将现象作为证据对物体的导电性能的形成进行有效的认知。

（三）态度情感与价值观

这节课在态度、情感与价值观方面熏陶与感染的渗透点如下：

严谨：通过讨论用"能"和"容易"来形容物体的导电性能哪一个更严谨的方式来渗透。

求实：学生在检测电路和物体的导电性能时的客观现象作为唯一的依据对物体的导电性能形成进行解释。

二、实施条件

本课为学生准备的实验材料有：电池（电池盒）、导线、开关、木条、塑料吸管、棉线、皮套、粗铁丝、细铁丝、铜片、锌片，以及教室内学生身边所有可供检测的物体。

三、教学过程

（一）创设情境，产生问题

1. 创设情境

用幻灯片出示一则新闻报道：昨天早晨，一场突如其来的大风刮断了小区路边电线杆上的电线，一位行人不慎触电倒地，由此经过的张先生恰好看到这一情景，他马上用早晨锻炼用的木剑把电线挑开，及时救起了触电者。

2. 全班交流

看了这则新闻报道，你有什么想法？

教师根据学生讨论的具体情况随机引导，可用的引导语有以下几句。

张先生为什么能用木剑挑开电线，自己却没有触电呢？

是不是用任何物体都可以挑开电线？

你这样认为有根据吗？

3. 统一认识，产生问题

看来大家都认为电流在流过不同物质时的情况可能是不同的，那我们怎样证实这个观点呢？

（二）设计检测物体导电性能的电路

1. 小组活动

根据我们关于电路的知识，设计一个电路，它能检测出不同物体在通电时的情况是什么样的，并将这个电路用电路图表示出来。

2. 全班交流

我们是这样设计的……

教师引导：怎样知道被测物体在通电时的情况是什么样的呢？

3. 互动交流

你觉得第×组的设计怎么样？你有什么好的建议吗？

4. 小组活动

根据大家的交流，进一步完善我们的检测电路的设计。

教师巡视，进行个别组的帮助。

（三）根据自己的设计，组装检测电路

1. 小组活动

按照自己的设计，完成对检测电路的组装。

2. 全班讨论

我们现在可以用这套装置去检测物体通电后的情况了吗？

（大多数学生可能会认为可以了，教师可进一步引导：有没有必要检查一下我

们的小灯泡能亮吗？此做法可以用来确定检测电路的性能良好）

3.小组活动

检测自己的检测电路性能是否良好，如有问题，查找原因，保证可用。

（四）自选物体，进行检测

小组活动：从我们身边的物体中任选一些物体，检测一下它通电时的情况。并将看到的现象记录在记录表里。

（五）交流记录，形成概念

1.全班讨论

在刚才的实验过程中，你们是怎么做的？看到了什么现象？你们得到了什么结论？

2.形成概念

根据学生得出的结论以及对结论的描述，组织学生对导体和绝缘体的本质特征进行科学准确的描述。

学生往往用"能"与"不能"来形容物体的不同导电性能，教师可以这样引导：空气的导电本领如何？那为什么云里的电在击到人身上时人会有触电反应呢？那我们怎样来判断哪些物体是导体呢？

（六）应用所学，解决问题

1.小组活动

将这八个物体用这节课学到的本领确定谁是导体、谁是绝缘体。可以先猜一猜，再去做。

2.全班交流

结果如何？有什么感想？

有的学生可能会产生粗铁丝是导体，细铁丝是绝缘体的错误猜想，但通过检测会发现自己的猜想是错误的，从而增强学生的证据意识。

四、拓展内容

学生思考怎样利用今天所学的知识为我们的生活服务（如电工用品的设计），

以达到学有所用的效果。

五、学习成果

预计学生能够完成以下几个任务。

（1）知道电流在流过不同物体时的情况是不同的，并建立导体和绝缘体的概念。

（2）设计实验证明自己观点的意识和能力有所提高。

（3）对科学的严谨性和对证据的尊重有一点认识。

六、学习成果评价

本课的学生学习成果可以通过以下方式进行评价。

1. 文字资料

即通过学生的实验设计和检测记录对学生设计实验的能力和实验的效果进行评价。

2. 语言交流

即通过课堂上学生的个体或小组的发言内容对学生的意识、态度等的形成现状进行评价。

3. 小组活动

即通过小组的探究活动的具体情况进行评价。

以上的评价不只是教师对学生进行评价，评价主体还有学生自己，要充分发挥生生互动的功能。在交流过程中对同伴的描述进行补充；在别的小组汇报过程中提出好的建议；在对别的小组的设计进行批判性吸收的基础上改进自己的设计方案等都是有效的评价过程。

七、案例的形成

对这个案例的研究初衷是基于以下的思考。

（一）关于教学目标重新定位的思考

随着课程改革的不断深入，有一些基本的观念我们已经达成了共识。如：摒弃过去以传授知识为核心的传承式教育模式，以及过分重视技能培养的不全面的教学目标，而是以培养学生的科学素养作为科学教育的总目标，将科学态度、情感与价值观的培养目标提到一个重要的高度来认识，明确教学内容是载体，是为提高学生的科学探究技能与意识服务的……

基于这些先进的理念，站在培养学生科学素养和探究能力的高度再来审视"认识什么是导体和绝缘体"这一教学内容，对于教学目标的定位需要我们重新思考。

我将这节课的教学目标进行了如下的定位：在学生形成导体、绝缘体概念的过程中，经历一次较为完整的科学探究过程，初步认识什么是探究，使学生设计方案解决问题的意识和能力得到提高。

在对导体和绝缘体概念描述的精益求精的讨论中，学生产生严谨的科学态度。

在对物体导电性能的猜想与验证过程中，让学生产生尊重证据的意识。

（二）关于一些细节的思考

现在，有一句话很时髦——细节决定成败。在主观上，我对这一论断持怀疑的态度，但我们不能不注意一些学生在学习过程中的细节问题。如：

1.用"干树枝"有利于后续的探究吗？

在教材中关于情景导入的原文是这样的："恰好由此经过的张先生看到这一情景，马上找来一根干树枝，把电线挑开，及时救起了触电者。"但在实际教学时，学生面对这一情景，在讨论中都把焦点放在了一个"干"字上，即对于干树枝和湿树枝的导电性能产生了争议。这样我们就不得不面临这样的一个难题：必须想办法让学生能证明自己的观点。但无论是从教学设备方面，还是学生现有的知识水平出发，对这个问题进行深入的探究都是不现实的。

2.有必要深究用"能"还是用"容易"来描述吗？

关于导体的概念，我们应该让学生建立的认识是"容易导电的物体叫导体"，但学生的认识往往只建立在"能导电的物体叫导体"的层面上。面对此类问题，我曾想绕过去，不去深究这个表述上的差异。但是就是这个描述上的这一点小小的差异，却能体现出我们对科学严谨性的认识程度，而这个对科学本质认识的大好机遇，我们没有理由错过。于是我带着学生进行了深入的讨论，把它作为一个重点来看待。

3.是先用典型的材料，还是先利用学生身边的材料？

以往，我想先用典型的材料让学生进行检测，然后再将检测的范围扩大到文具盒中的文具及教室里的其他物体。但细细思考，学生通过对导入情景的思考，产生的是对物体通电时的不同情况产生了研究的欲望，是对"木剑"等生活中的物体产生了疑问，不是对教师准备的典型材料产生了疑问。所以如果教师这时组织学生对典型材料进行检测，虽然组织起来容易控制，但对于学生探究的连贯性，思维的连续性却起到了阻碍的负面作用。

4.怎样最大限度地发挥材料的结构功能？

教师准备了两个特殊的材料：粗铁丝和细铁丝。我想这样安排材料的结构，是出于希望学生对粗细不同铁丝的导电性能产生不同的猜想，以期达到教育学生正确认识证据的重要性的目的。基于这种理解，我把材料导电性能的检测重点放在了对粗细不同铁丝的导电性能的猜想上面。

电流流过不同物体的情况记录表

____年级____班　第____大组第____小组　记录人_____

我们设计的检测装置（图）		
物体名称	现象记录	得出结论

（续表）

我们设计的检测装置（图）		

第六节 《给物体分类》教学设计

一、指导思想与理论依据

新颁布的《小学科学课程标准》指出，小学科学课程是一门集实践性和综合性于一体的课程。小学科学课程强调从学生熟悉的日常生活出发，学生通过动手动脑的实践活动来理解基本的科学知识，并尝试用科学知识解决问题，在实践中体验和积累认知世界的经验，提高科学能力，培养科学态度，增强与同伴的交流与合作的能力。同时，注重学习内容与已有经验的结合、动手与动脑的结合、书本知识学习与社会实践的结合、理解自然与解决问题的结合，提高学生的综合能力，促进学生的全面发展。

维果斯基认为："学生正处于最近发展区的时候，教师要发挥一种脚手架的作用，让学生凭借脚手架来完成其独立很难完成的任务。"在本课教学过程中，我关注了学生的思维发展，在学生已研究物体的颜色、大小、轻重和形状等特征的认知基础之上，给物体进行分类。本课一开始，在学生帮助教师去超市买儿童篮球的真实情境下，初步感受生活中的分类，体会分类可以让人们更便捷地生活。学生利用小组合作的形式，将这八种物体按照一个特征进行初次分类，学生在汇报时，教师指导并帮助学生规范分类语言，明确分类活动的目的和过程，培养学生的分类操作能力。在拓展活动中学生能够熟练地运用分类标准，依据所有玩具的特点，通过颜色、是不是毛绒玩具、是否可以滚动、大小和形状等特征作为标准对玩具进行分类练习，并尝试进行多级分类，进一步帮助学生建立和理解分类的意义。

二、教学背景分析

（一）教学内容分析

1.在课标中的位置

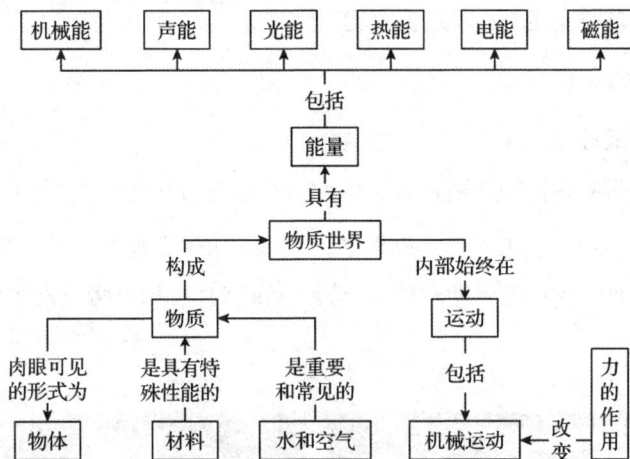

本课属于第一个领域——物质科学领域。

涉及的主要概念有以下几点：

物体具有一定的特征，材料具有一定的性能。

涉及的内容有以下几点：

物体具有的质量、体积等特征。

其中1—2年级学习目标为：根据物体的外部特征对物体进行简单分类。

2.在教材中的位置

本课是教科版《科学》一年级下册教学内容《给物体分类》，属于《我们周围的物体》单元。在本课之前有《发现物体的特征》《谁轻谁重》《认识物体的形状》。

（二）学生情况分析

1.知识经验上

根据前三课《发现物体的特征》《谁轻谁重》《认识物体的形状》的学习，学生已经可以用形状、大小、颜色、气味、粗糙程度、轻重、是否透明、薄厚等科学词汇来描述物体的特征。

2.探究能力上

学生已经学会运用眼、鼻、耳、手来认识物体的各种特征，并进行两两比较。通过看，比较颜色、形状、薄厚、大小、是否滚动；通过闻，比较气味；通过看和摸，比较是否透明或光滑；通过掂，比较轻重等。

（三）教学准备

1.学生分组材料

每组两张带有磁性的软白板记录单、粘有磁铁的分类材料（小螺母、大螺母、小正方体棕色木块、大正方体棕色木块、小长方体绿色橡皮、大长方体绿色橡皮、小的红色塑料球、大的蓝色塑料球）、特征词汇卡片、每组两个收纳盒及各种类型的玩具。

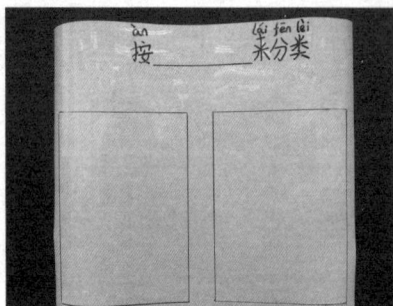

图1 带有磁性的软白板记录单

图2 黏有磁铁的分类材料

图3 特征词汇卡片

图4 每组两个收纳盒及各种类型的玩具

2.教师演示材料

准备好的演示PPT。

三、教学目标

（一）教学目标

1.科学概念目标：

（1）学会将形状、轻重、大小、薄厚等特征作为标准对物体进行分类。

（2）了解分类时，人们会将物体进行多级分类。

2.科学探究目标：

（1）学会用"按_____来分类，_____分为一类，_____分为另一类"来描述分类结果，从而提升语言表达能力。

（2）了解给物体分类时，依据的分类标准不同，分类的结果也会有所不同。

（3）应用分类技能给玩具进行分类，提升分类能力。

3.科学态度目标：

（1）继续发展对物体进行研究的兴趣。

（2）认同物体可以根据某一特征被归类。

4.科学、技术、社会与环境目标：

（1）体会人们可以利用分类的方法使我们的生活变得更加便捷。

（2）利用所学分类知识进行整理、收纳，以便养成良好的生活习惯。

（二）教学重难点

1.教学重点

学会将形状、轻重、大小、薄厚等特征作为标准对物体进行分类。

2.教学难点

了解给物体分类时，依据的分类标准不同，分类的结果也将会有所不同。

了解分类时，人们会将物体进行多级分类。

四、教学流程

教学环节　　　　　　　教学活动　　　　　　　教学意图

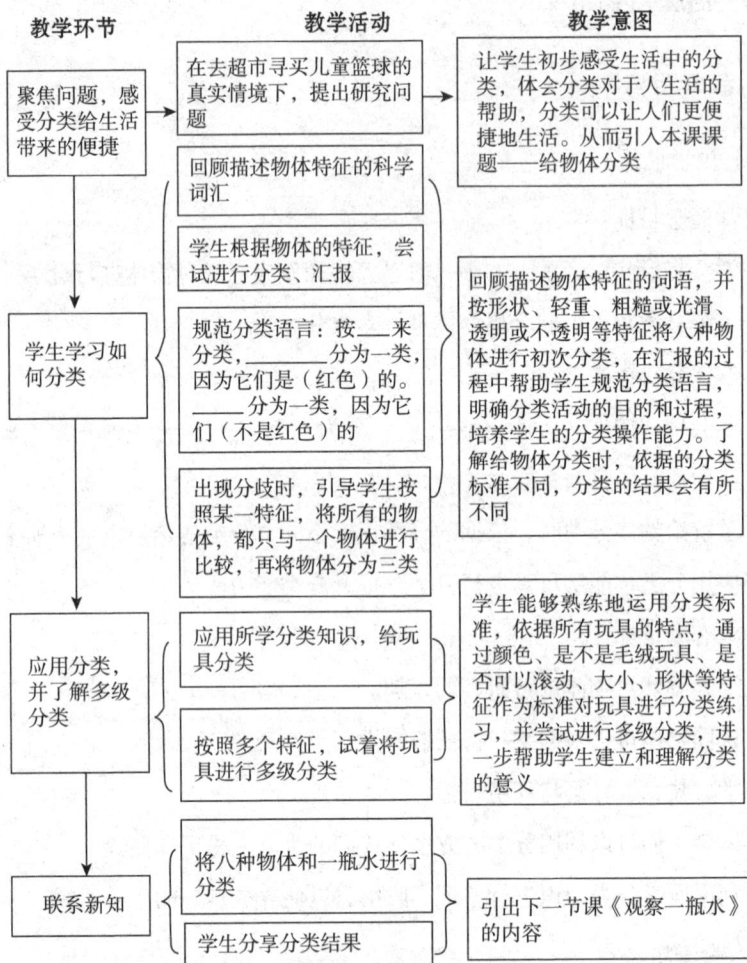

五、教学过程

（一）聚焦问题，感受分类给生活带来的便捷

1.在去超市寻找儿童篮球的真实情境下，提出研究问题。

教师在谈话中，利用去超市买儿童篮球的真实情景，提出研究问题："老师有一个两岁的儿子，最近一直嘟囔着想到超市里买个儿童篮球，这么大的超市，如果让你做我的小向导，你们会领我去超市的哪个地方买篮球呢？"帮助学生回忆生活中会按照多级类别去寻找物品，例如找篮球时，会先找到体育用品类别，再找到球类，再找到篮球类别，从而找到儿童篮球。

图5 学生在超市中寻找儿童篮球的方法

2. 感受分类给生活带来的便捷，揭示课题"给物体分类"。

教师在谈话中，引导学生思考"你们怎么能在这么短的时间里就能从那么大的超市里找到儿童篮球的？"帮助学生感受分类码放给生活带来的便捷，从而引入课题——给物体分类。

【设计意图】从生活经验入手，创设真实情境，明确分类意图。让学生初步感受生活中的简单分类及多级分类，体会分类对于人们生活的帮助，分类可以让人们更便捷地生活。从而引入本课课题——给物体分类。

（二）学生学习如何进行分类

1. 回顾描述物体特征的词汇，并按照一个特征试着分一分，规范分类语言。

A. 回顾描述物体特征的科学词汇。

教师出示8种物体（大螺母、小螺母、大长方体橡皮、小长方体橡皮、大正方体木块、小正方体木块、大的蓝色球、小的红色球），带领学生回忆可以用颜色、大小、薄厚、形状、是否透明等词汇描述物体的特征。

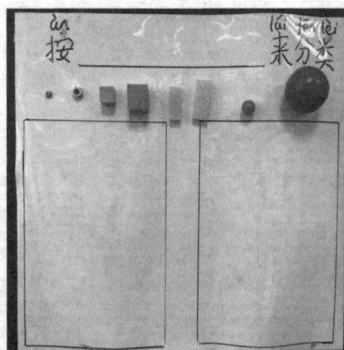

图6　学生需要进行分类的8种物体

B.学生按照物体的一个特征，尝试进行分类。

学生利用回忆的物体的特征，并利用分类材料及记录单，尝试着将8种物体进行分类。

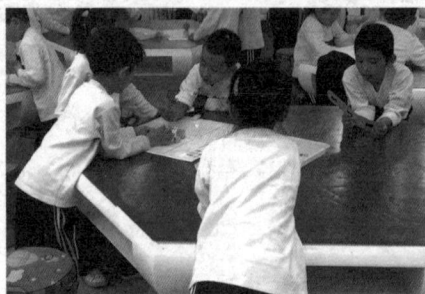

图7　学生尝试将8种物体进行分类

C.在班级内进行汇报时，规范分类语言：按_____来分类，_____分为一类，因为它们是（红色）的。_____分为一类，因为它们（不是红色）的。

在学生汇报过程中，教师引导学生使用规范的分类语言进行汇报。

说一说

按_____来分类：

_____分为一类，

_____分为另一类。

图8　PPT出示的科学规范语言

D. 解密游戏：猜一猜他们组是怎么分类的？

教师提示两个组的学生将特征词汇卡片藏起来，汇报时让班内其他学生猜一猜他们是怎么分类的。

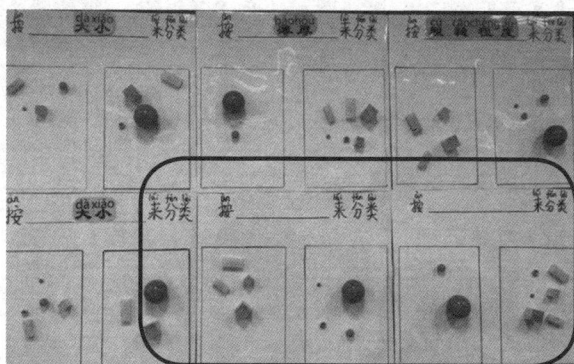

图9　猜一猜其他同学是按照什么特征来分类的

2. 出现分歧时，引导学生按照某一特征，将所有的物体，都只与一个物体进行比较，再将物体分为三类。教师在谈话中，引导学生"都是按大小来分类，你有什么发现吗？（有的组把大螺母放到大的那类，有的组把大螺母放到小的那类）为什么会出现这种情况呢？"

从而使学生对汇报产生认知矛盾，发现分类标准相同时，分类结果却有可能不相同的情况。在肯定两组分类结果的同时，教给学生还可以选择一个小标杆放在中间，让它自己分为一类，比它大的分为一类，比它小的分为另一类，将所有物体分为三类。

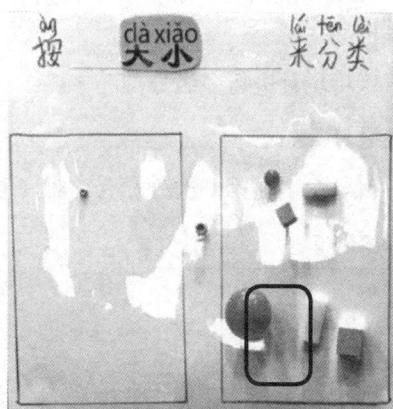

图10　三分法

【设计意图】帮助学生回顾描述物体特征的词语，从而为学生按照特征对8种物体进行分类做铺垫。在汇报的过程中帮助学生规范分类表述，培养学生的语言完整性及严谨性。明确分类活动的目的和过程，培养学生的分类操作能力。在汇报时，设置解密游戏，提高学生学习兴趣，增加学生思维活动。帮助学生了解给物体分类时，依据的分类标准不同，分类的结果也将会有所不同。

（三）应用分类，并了解多级分类

1.应用所学分类知识，给玩具分类。

（1）教师提出分类要求。

教师提出运用所学知识，将所有玩具按照特征分到两个收纳盒里的分类要求，学生以小组合作的形式，给玩具进行分类。

图11　学生对生活中常见的玩具进行分类

（2）学生汇报分类结果。

2.按照多个特征，试着将玩具进行多级分类。

（1）引导学生进行多级分类。

教师在谈话过程中，引导学生在第一次分类后，对其中一个收纳盒中的玩具按照其他特征进行第二次分类。

（2）学生汇报分类结果。

图12 分完一次后，再按照其他特征进行第二次分类

【设计意图】学生能够熟练地运用分类标准，依据所有玩具的特点，通过颜色、是不是毛绒玩具、是否可以滚动、大小、形状等特征作为标准对玩具进行分类，并尝试进行多级分类，进一步帮助学生建立和理解分类的意义。

（四）联系新知

教师小结："看来我们的分类可不止一次哦，既可以一次分两类、多类，也可以在一次分完了之后，继续分好多次。"

教师引入一瓶水作为第九种物体，要求学生将九种物体进行分类，从而引出学生对水的初步认识。

【设计意图】通过将一瓶水进行分类，注重课与课之间的联系。引出下一节课《观察一瓶水》的课题。

六、板书设计

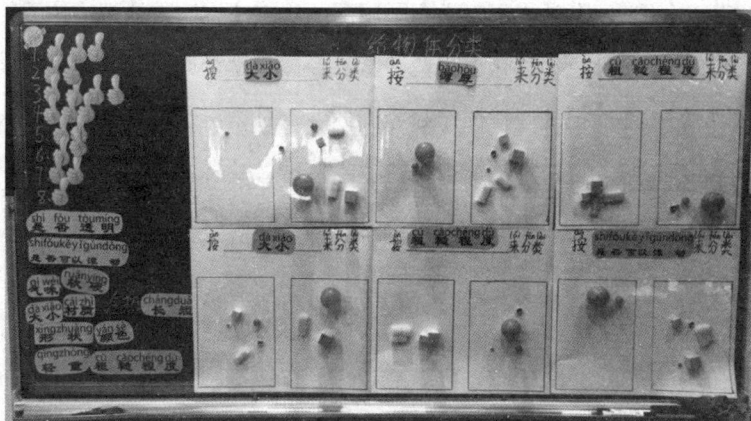

七、教学反思

在多次的课堂教学实践过程中，我对本课教学进行了自我的反思，具体的反思情况如下：

1.科学学习与学生的生活经验紧密联系，学习内容为学生生活服务。

在本课学习中，学生根据到超市买儿童篮球的生活经验，体会、建立和理解分类的意义。在学习完本课后，学生可以利用本节课的分类方法，对自己的物品更好地进行分类，从而养成一个良好的生活习惯。

2.立体记录单，有结构的材料，为分类活动服务。

每组的分组材料中，有一个带有磁性的软白板，同时，八种物体都粘有磁铁。之所以这样设计，是为了更加直观、快捷地进行分类，磁性软白板可以吸在黑板上，这样更加便于学生间的交流展示。本节课先给本单元前几节课常见的物体进行分类，再给生活中的玩具分类，不仅增加了分类材料的结构性，而且使学生的分类能力得到锻炼与提升。

第七节 《观察一瓶水》教学设计

《观察一瓶水》是教科版《科学》一年级下册的教学内容，属于《我们周围的物体》单元。在本课之前有《发现物体的特征》《谁轻谁重》《认识物体的形状》《给物体分类》，之后有《认识一袋空气》。

根据前四课的学习，学生不仅学会了用两两比较的方法来认识物体的特征，还可以用形状、大小、颜色、气味、粗糙程度、轻重、是否透明和薄厚等科学词汇来描述物体的特征，并能把这些特征作为分类标准，对物体进行分类。

关于水这种物质，学生在生活中接触很多，且已经有了较为丰富的认识，本次课的教学重点就不再是认识水的基本特征，而是学会用两两比较的科学方法来认识水，了解水之所以不同于其他物体的原因。

针对《观察一瓶水》一课的学习，学生可以调取的已有经验是第一课《发现物体的特征》的学习方法，运用眼、鼻、耳、手进行两两比较来认识物体的特征：通过观察，比较颜色、形状、薄厚、大小、是否滚动；通过闻，比较气味；通过看和摸，比较是否透明或光滑；通过掂，比较轻重等。

同时，对于一年级的学生来说，掌握科学方法和科学知识是科学学习的一个部分，另外一个重要的部分就是对科学学习持续保持强烈的好奇心和求知欲，因此，科学教师在一年级开展科学教学时，要更加注重创设愉快的教学氛围来保护学生的好奇心和求知欲。

因此，在本次教学中，我设计了一个"天黑请闭眼"的游戏，将科学学习贯穿于游戏中，激发了学生对科学学习的兴趣。

一、教学目标

（一）教学目标

1. 在活动中，感受水的特征：无色、透明、无气味、会流动、形状不固定。

2. 学习观察水的方法，能用眼看、鼻闻的方法比较水与洗发液的不同之处，比较水和醋的相同之处。

3. 能运用多种感官进行观察，能用语言简单描述事物之间的相同和不同之处。

4. 乐于参与小组活动。

（二）教学重难点

重点：通过游戏活动，感受水的特征。

难点：能运用多种感官进行观察，能用语言简单描述事物之间的相同和不同之处。

二、教具准备

班级用：班级记录单、木块。

学生小组活动用：水一瓶、洗发液一瓶、醋一瓶、玻璃珠一颗、托盘。

三、教学过程

（一）游戏情景导入，激发学生学习兴趣

谈话：同学们，你们喜欢玩游戏吗？（喜欢）今天，我们就一起来玩一个闯关

游戏，这个游戏的名称叫作"天黑请闭眼"。游戏的任务是找到一瓶水。（出示PPT
介绍游戏规则）

游戏中的两个角色

科学小侦探

- 利用科学的方法，找到装有水的瓶子。

隐藏员

- 在科学小侦探闭眼的过程中，将自己手中的瓶子放到托盘中，并改变托盘中瓶子的位置，从而帮助"水"隐藏起来。

三个口令

- 天黑请闭眼
- 天亮请睁眼
- 几号同学请睁眼时，几号同学成为隐藏员。

谈话：游戏规则听明白了吗？（明白）老师已经将材料提前发给了同学们。下面我们开始第一关游戏。

（二）开展游戏活动，进行水和其他物体的异同比较

1. 第一轮游戏：比较水和洗发液的不同之处。

指导语：天黑请闭眼；一号同学把材料放在托盘里；天亮请睁眼。

提问：谁来说一说，你用了什么方法找到了水？

学生预设回答：我用眼睛看，这瓶是水。因为水是透明的。

过渡语：你用眼睛观察了水的外部特征，找出了水。可是你为什么没有把另外一瓶找出来呢？

学生预设回答1：因为这瓶是不透明的。

学生预设回答2：因为这瓶是洗发液；这是白色的。

指导语：看来，在找水的过程里，你们运用了我们第一课学习到的两两比较观察法。你们把水和洗发液进行了两两比较。谁能用比较的方法，把刚才观察到的现象再说一说？

（出示板书：我用两两比较的方法发现水和洗发液是否在透明方面不同，水是透明的，洗发液是不透明的）

注意指导学生说话的完整性。

如果学生将白色和透明混淆，教师指导语：透明是什么意思？（把鼻子藏在水的后面，其他同学还能看得到）水是透明的，那洗发液是透明的吗？

过渡语：你们还有其他证据来证明找出来的是水吗？

学生预设回答：我用眼睛看和两两比较，发现水和洗发液在<u>颜色</u>方面不同，水是<u>无色</u>的，洗发液是<u>有颜色</u>的。

学生预设回答：我用<u>鼻子闻</u>，两两比较，发现水和洗发液在<u>气味</u>方面不同，水是<u>没有气味</u>的，洗发液是<u>有气味</u>的。

教师示范科学的闻气味的方法。（闻的标准操作方法：打开瓶盖，左手持瓶身，右手握成扇子的形状，将瓶子放在胸前，从瓶口上方将空气扇向鼻子，闻到气味即可盖上瓶盖）

提示：在生活中，我们不知道的物体不要去闻。

其他同学闻一闻物体的气味。

过渡语：你们还有其他证据来证明找出来的是水吗？

学生预设回答：我用<u>手晃</u>、<u>眼睛看</u>和两两比较，发现水和洗发液在<u>流动</u>方面不同，水是<u>流动得快</u>的，洗发液是<u>流动得慢</u>的。

过渡语：通过第一关游戏，比较了水和洗发液的不同，我们找到了水的特征。你们准备好开始第二关游戏了吗？

2.第二轮游戏：比较水、醋的相同之处。

指导语：天黑请闭眼；二号同学把材料放在托盘里；天亮请睁眼。

提问：谁来水说一说，你是怎么判断出哪瓶是水的？

学生预设回答：我用<u>鼻子闻</u>，两两比较，发现水和醋在<u>气味</u>方面不同，水是<u>没有气味</u>的，洗发液是<u>有气味</u>的。

提问：你们为什么没有闻洗发液的气味呢？

或者提问：你们为什么要用闻的方法来找水呢？

过渡语：这位同学也进行了两两比较，第一步把洗发液排除了，第二步是用闻气味的方法排除了醋，找到了水。其他同学的方法呢？

提问：为什么我们要用闻气味的方法来比较水和醋呢？为什么不用其他方法来判断？

学生预设回答：因为水和醋用眼睛看不出来。

过渡语：看不出来，证明水和醋在很多方面是相同的。谁来用比较的方法说一说，水和醋有哪些相同点？

学生预设回答1：我用眼睛看和两两比较的方法，发现水和醋在颜色方面相同，水和醋都是无色的。

学生预设回答2：我用两两比较的方法，发现水和醋在流动方面相同，水和醋都是会流动的。

学生预设回答：我用眼睛看和两两比较的方法，发现水和醋在透明方面相同，水和醋都是透明的。

过渡语：通过第二关游戏，比较了水和醋的相同和不同之处，我们加深了对水的认识。你们准备好开始第三关游戏了吗？

3.第三轮游戏：比较水、玻璃珠的相同和不同之处。

指导语：天黑请闭眼；三号同学把材料放在托盘里；天亮请睁眼。

提问：谁来说一说，你用了几个步骤把水找出来。

学生预设回答：……

提问：你们为什么把玻璃珠排除了？结合我们第一课学习的内容，玻璃珠也是无色、透明和无气味的呀？

学生预设回答：因为玻璃珠是圆形的，它可以滚动，而水是没有形状的，它是流动的。

提问：你们同意他的说法吗？

指导语：请2号同学把水举起来，你们看一看这些水在瓶子里，是什么形状的？水有圆柱形，有正方体，那水在形状上有什么特点呢？

学生预设回答：水在什么样子的瓶子里，它就是什么形状。

谈话：我们把这种特点叫作水的形状不固定。

提问：洗发液、醋和玻璃珠在形状上分别是什么样的呢？

学生预设回答：洗发液和醋都是形状不固定，而玻璃珠形状是固定的。

过渡语：恭喜同学们，通过了闯关游戏。

4.比较水、洗发液和醋的相同特点。

提问：你们能结合班级记录单，找一找，水、洗发液和醋，三个物体在特征上有没有相同的地方？

学生预设回答：都会流动，形状都不固定。

学生直接提出，液体。追问：什么是液体？

归纳：在科学上，把会流动、形状不固定的物体称为液体。

（出示酱油、洗手液）判断它们是液体吗？说一说理由。

提问：你还见过哪些液体？

出示木块：这是液体吗？为什么木块不是液体。你还能找到哪些不是液体的物体。

过渡语：同学们可以在课后继续去发现我们身边是液体和不是液体的物体。

（三）总结

谈话：今天，我们通过眼睛看、鼻子闻的方法，来重点观察了一瓶水。你能结合班级记录单，描述一下，水具有哪些方面的特征吗？

学生预设回答：水是透明、无色、无气味、会流动和形状不固定的物体。

谈话：关于水，你还有什么认识？下节课，我们继续来认识水。

四、板书设计

五、教学策略

在本次教学中，教师创设了"天黑请闭眼"的闯关游戏，让学生在有趣的游戏中充分调动感官去比较和观察水、洗发液、醋和玻璃球，认识水的特征，同时也渗透了两两比较的观察方法的应用。具体所用到的教学策略主要有以下几个方面。

（一）创设有趣的闯关游戏情景，激发学生的学习兴趣

在本次教学设计中，教师创设了"天黑请闭眼"的闯关游戏，游戏一共分为三关。第一关，比较水和洗发液；第二关，比较水、洗发液和醋；第三关，比较水、洗发液、醋和玻璃球。每关游戏的任务都是找出一瓶水。在游戏开始前，每位同学手中都有一瓶物体，在游戏开始后，每轮游戏听口令，由学生拿出相应的物体。

游戏对于一年级学生来说，是非常具有吸引力的，在教学中，隐藏材料的学生小心翼翼地确保组员闭眼才拿出材料，寻找水的学生则全力以赴，快速比较物体的相同和不同之处，充分调动感官，找出一瓶水。可以说，本次教学创设了良好的学习氛围，激发了学生的学习兴趣，保护了学生的好奇心。

（二）出示第一课班级学习记录单，帮助学生进行知识迁移

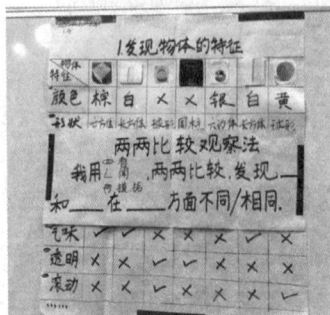

在本次教学中，学生需要使用到第一课的两两比较观察法。为了帮助学生回忆起第一课的学习，实现知识迁移，学生在第一关游戏中，提出了在比较水和洗发液的不同，这时，教师及时地出示了第一课的班级学习记录单，其他学生就可以借助这张班级记录单，更好地把两两比较的方法迁移到本次学习中，从而让学生把不同知识迁移在一起。

（三）游戏设计巧妙，突出学生的主体地位

在观察水的活动中，如果对活动的设计不好，会导致教师"牵"着学生走的问题，"让"学生观察物体的相同之处或者"让"学生观察物体的不同之处，成为了以教师为主体地位的传统教学模式。本次闯关游戏的设计非常巧妙。因为每个游戏关卡中利用提供物体的不同之处，巧妙地设计物体出现时的游戏关卡，将比较物体的相同和不同之处称为学生的内在需求，主动提出物体之间存在相同和不同点，从而突出了学生的主体地位。

具体关卡设计：第一关，比较水和洗发液，从而明确水在颜色、气味和流动三方面的特征；第二关，比较水、洗发液和醋，主要比较水和醋，从而明确水在气味方面的特征；第三关，比较水、洗发液、醋和玻璃球，主要比较水和玻璃球，从而明确水在形状方面的特征。

（四）搭建脚手架，帮助学生进行规范表述

一年级学生在语言方面具有强烈的表达愿望，但是在表述上爱说短句，且不能准确表达使用的科学方法，因此，教师适时出示了汇报单，帮助学生规范表达，渗透科学方法的教育，实现让学生说得全面、大段表述的目的。

六、教学反思

在本次教学中，提供的四种物体在游戏前就已告知学生，导致在第二关闯关游戏中，所创设的悬念环境不够，在一定程度上影响了学生对水和醋的比较。可以将其修改为，告知学生，教师们将使用到水、洗发液、不知名物体和玻璃珠来进行闯关游戏。通过本次教学，也可以看出在进行教学时，教学材料的呈现方式会对教学产生影响，教师要更加巧妙地安排教学材料出现的方式和时机。

第八节 《认识一袋空气》教学设计

一、教学背景分析

（一）教材简析

本课是一年级下册《我们周围的物体》单元的第7课，也是本单元的最后一课，要求学生能运用前面所学的探究方法对空气进行初步的研究。使学生发展自己在认识物体方面的能力，进一步建立科学探究的信心，激发学生对物质世界研究的兴趣。

本课的学习主要分为三个活动：1.收集一袋空气，并进行观察；2.记录空气的特征，并描述自己所探究的过程；3.将空气与水和木块进行比较。通过这三个活动，一方面使学生认识空气的特征；另一方面使学生学会运用所学的科学观察、描述和记录的方法，为今后继续研究物体打下基础。

（二）学生分析

经过本单元前6课的学习，学生从关注周围的物体开始，逐渐学会了借助感官及简单工具对物体进行观察，初步使用比较与分类的方法认识物体，逐步学会了用适当的词汇描述周围的事物，逐渐形成描述物体特征的能力，也形成了对物体的认识和理解。通过第6课对水这一物质的探究，学生进一步掌握了通过比较认识物体特征的研究方法。本课将试着让学生用已经学过的研究方法，用科学词汇从不同方面描述空气的特征。

二、教学目标

（一）教学目标

1.科学概念目标

（1）空气是无色、无味、透明、会流动的气体。

（2）与木块、水相比，空气有许多不同的特征，也有一些相同的特征。

2. 科学探究目标

（1）进一步运用感官，通过对比的方法研究空气的特征。

（2）空气的一些特征是可以被观察和描述的。

3. 科学态度目标

（1）发展学生探究物质世界的兴趣。

（2）意识到可以利用所学的方法研究未知事物。

4. 科学、技术、社会与环境目标

空气与人的生活密切相关。

（二）教学重难点

1. 重点：空气是无色、无味、透明和会流动的气体。与其他物体相比有不同的特征，也有一些相同的特征。

2. 难点：通过本课的研究使学生认识到虽然空气是看不见的，但是可通过科学的研究方法进行研究。

三、教学过程

（一）聚焦

1. 导入：回想在本单元的学习中，我们从哪些方面观察了物体的特征？是谁帮助我们进行了这些观察活动？

【设计意图】引导学生回忆，总结出利用感官或借助一些简单的工具进行对比观察的方法。

2. 提问：回忆一下，我们在本单元中学过哪些描述物体特征的科学词汇？

（教师可出示前面几节课的班级记录单）

3. 谈话：上节课我们一起观察了一瓶水，还记得水的特征吗？今天我们再来观察一种新的物体，它叫空气。

【设计意图】用曾经在本单元中学过的描述物体特征的科学词汇，如颜色、气味、轻重、形状、是否透明和是否流动等来研究今天的主题——空气。

（板书：空气）

（二）探索

A. 研究空气在哪里，认同空气的存在，初步了解空气能充满各处。

1. 谈话：空气最能隐藏自己了，我们能找到它吗？它在哪里？

2. 讨论：学生说出对空气存在的已有认知。

3. 教师提问：你认为空气是什么样的？今天我们就用本单元学过的方法认识它吧！（引导学生说出"空气是看不见的""摸不着的""很轻"……的特点）

【设计意图】通过教师的步步引导，激发学生学习本课的兴趣，明确本节课的学习目标。

B. 指导学生收集一袋空气，并进行观察。

1. 提问引导。

（1）要想研究空气，你有什么好方法吗？

【设计意图】首先使学生意识到研究需要有明确的方法（但这个问题比较笼统，只是为了让学生有一个初步的印象），用提出问题的方法引导学生思考，同时在交流过程中，继续培养学生良好的表达习惯和倾听习惯。

（2）空气在空中，那我们怎么研究呢？

【设计意图】将问题缩小，引导学生的思维方向。

（3）我们一想一想用什么办法可以把它"抓"住呢？

【设计意图】问题更加具体！通过交流，使学生的思维更有指向性，便于实现学习目标。

（4）老师为大家准备了塑料袋儿，看一看、想一想，你有什么好的办法吗？

【设计意图】问题指向一个具体的方法，使学生的研究落实。

（5）我们"抓"到了空气，你将怎样用学过的方法去观察空气的特征？

【设计意图】研究材料的问题已经解决，下边的问题指向我们研究的目标——观察空气的特征。

2. 教师示范讲解科学记录的重要性和方法。

3. 学生收集空气进行观察记录。

4. 汇报观察结果，教师做班级记录，引导学生说出空气特征的同时，还要说出获得结果的方法。

C.指导学生将空气与水和木块进行比较。

1.讨论：现在，我们将空气和水的特征并排放到一起，你有什么有趣的发现？

【设计意图】问题具有直接指向性，借助班级记录表，引导学生通过比较的方法去研究水和空气特征方面的相同与不同。

2.实验：将透明袋子里的水和空气分别倒进两个瓶子里。

3.讨论：通过实验，我们又有了什么新的发现？

【设计意图】一方面，学生在操作过程中，对水和空气的特征有进一步的观察、了解；另一方面，期望学生通过"倒"的操作能关注到空气和水在流动方面的不同之处，这里教师灵活处理，不一定要有结论。

4.小组研究：水和空气与木块相比，有什么相同和不同之处？

【设计意图】通过这次对比，期望学生发现木块和水、空气有很多的不同之处，隐含对物体三态不同之处的认识。

四、回顾与总结

1.讨论："在本单元中，我们从哪些方面认识了物体""可以用哪些词汇描述它们的特征"。

【设计意图】教师要有意识地引导学生分类描述。在组织学生讨论的同时，教师还要有意识地引导学生补充班级记录单。这节课也是本单元的小结课，学生将回顾他们在本单元的研究活动，总结采用了哪些研究方法和如何描述物体的特征。在本单元中，学生主要通过对物体观察和比较，学会从不同的方面、多个外部特征对物体进行描述。

2.小结：同学们在课堂上表现得很棒，今天我们一起认识了空气是无色、无味、透明的气体，我们还学习了科学的观察方法。希望同学们今后能用今天所学到的方法去观察其他的物体。

【设计意图】提醒学生进行科学学习方法的整理，持续培养他们科学的学习习惯。

五、板书设计

水　　空气　　木块

（班级记录单）

第二章

生命科学领域

第一部分　理论概述

生命科学领域是小学科学课程的一个重要内容领域。通过对该领域的学习，学生将了解生命世界的基本事实、基本规律和生命科学的基本原理，获得有关健康生活模式的概念；学会或掌握生物学基本实验技能；理解人类的活动对生物圈产生的多方面的影响；关注生命科学技术的发展和应用对个人生活和整个社会的作用；能应用所学的知识解释一些现象，解决有关问题。因此，教师充分认识生命科学的学科本体价值和教育教学价值，对促进小学生科学素养的形成和发展具有重要意义。

第一节　小学科学生命科学领域学科本体价值分析

与物质科学、地球与宇宙科学相比，生命科学有其自身的特点，具体如下。

（一）生命科学领域的多层次性

生命科学领域的复杂性首先表现在它的层次性。从微观和宏观两个方向上看，细胞是一个基本的结构和功能单位，其下有细胞器、分子、原子，其上有组织、器官、系统、个体、种群、生态系统和生物圈。每个层次都可以成为独立研究的对象和学科，而这一层次和那一层次之间的关系也是必须研究的问题。

从自然演化的角度看，地球上存在着病毒界、原核生物界、真核生物界，真核生物界中又有菌物界、植物界、动物界和人类。每一界下又有许多层次，每一层次都能成为独立的学科，都有各自的规律性。

了解生命科学，当然就要了解这种多层次性。然而对于中学生来说，甚至对于生物科学家来说，他们都不可能穷尽各个层次，这就造成了生命科学教育在课程内容的选择和组合上的困难。

（二）生命是一个复杂的开放系统

作为现代系统论的一般系统论，是由奥地利生物学家、心理学家贝塔朗菲

（L.V.Bertalanfy）创立的。首先，他认为生命是一个开放系统（在一般系统论中，开放系统理论是一个重要组成部分）。贝塔朗菲说："生命的形式不是存在着，而是发生着，它是通过有机体同时又是组成有机体的物质和能量的永恒流动的表现形式。"其次，生命这个开放系统表现了稳态的特征，因为它是由富含能量（可保持相对大的化学势能）的、化学上是惰性的碳化物组成，而能量迅速的有控制的转移和释放是在酶作用下完成的，有助于稳态的保持，而这种稳态又是一种流动平衡，而不是封闭系统中的真平衡。最后，这个开放系统是一个自主活动系统，机体的活动是自律的，对刺激的反应不是被动的，刺激不是引起一个过程，而是修正一个过程，本质上是自主的，在人类身上自主性有更高层次的表现。正因为如此，也不能把进化简单地归结为突变、适者生存，而无视开放系统的自主性、自组织性，即有机体结构的自我调整。

（三）生命科学领域是一个复杂的网络系统

地球上有如此众多的生物种类和庞大的数量，它们存在于几乎一切可以生存的空间，而且每种生物的生存发展都以其他种类生物的生存发展为前提，一种生物或几种生物的消亡可能对其他生物造成灾难性的后果。这种生物界的多样性及其相互依存、相互制约的关系，我们可称它为生命的网络——生命之网。

（四）生命科学中人是研究的主体又是客体

在各类自然科学中，自然界是人研究的客体，唯独在生命科学中，人既是研究者——主体，又是被研究者——客体，因为人的自然属性是生物，属于哺乳纲灵长目的人科。生物体的形态、结构、代谢、生长、发育、繁殖、遗传和变异的规律性都适用于人类。人类的社会行为、心理行为也无不具有生物性的烙印。因此，人也是生物学研究的客体。

（五）生命科学研究方法的独特性

生命科学在研究方法上的独特性，有两点已形成共识。一是生命科学的研究方法应可兼容物理学、化学的方法，但仍有自己的独特性。在实践中如果把生命现象的研究最终还原为简单的物理过程、化学过程是不妥的。正如物理学家薛定谔（E. Schrodinger）指出的，"用经典物理学和化学去描述生命现象是不可能的，但物理学、化学渗透到生命科学中有助于解开生命之谜，开辟生命科学研究的崭新领域"。二是1952年德国物理学家赫尔希（A.Hershey）和他的学生蔡斯（M.Chase）用放射性同位素标记法研究大肠杆菌噬菌体侵染大肠杆菌的著名实验，证实了遗传物质是DNA，而不是蛋白质（噬菌体外壳）。他说："要揭示生命现象的本质，必须研究具有活力的有机体，脱离生命有机体，孤立地、单纯地研究化学反应，试图去寻找生命现象的本质属性的答案，那是不可能的。"研究活动的有机体是生命科学研究的根本方法。

就广泛意义的科学方法而言，生命科学研究的方法大致可以分为以下两大类型。

（1）观察与描述。观察与描述是科学研究的常用方法，也是生命科学研究的重要方式。一般来说，对生命现象的认识，尤其是考察生命存在的方式、活动的形态及其行为特征都需要通过观察来进行。在生命科学的研究中，观察有两种基本的方式：自然条件下的观察或者借助仪器进行的观察。前者主要是在宏观尺度内对生命活动现象的观察，后者则是对生命体的细微部分，如微生物的形状、细胞的构造等进行的观察。而且观察也被用来了解生命的生活过程和变化过程。例如，观察物种的生态分布和地域、某些动物随季节的迁徙行为、植物的生长习性，以及了解动物胚胎的发育、细胞在分裂时的染色体行为变化、细胞的显微和超微结构等。

在生命科学的研究中，观察往往要在控制条件的状态下进行，以促进显现那些隐藏的内在特征或观察异常现象。例如，通过控制养分的供给来观察植物的生长状况，用染色体或者同位素标记的方法显示生命在瞬间的结构和理化状态。通过这些条件的改变，人们可以对生命现象的认识更为科学和深刻。

另一方面，在生命科学的研究中，不仅需要观察有什么样的生命现象，更重要的是要通过观察现象、记录事实及采集数据获得描述和进行科学解释的依据，还需要对获取的观测数据进行分析处理，以总结出规律性，进而对生命变化的真实过程做出科学、合理的解释。可见，科学的观察和描述是学习生命科学的重要途径和方法。

（2）实验及控制条件。生命科学研究也具有以实验为基础的特征。与其他学科的实验研究相比，生命科学实验研究更突出实验的条件控制，通过人为的控制条件而有针对性地探究生命现象和生命过程。例如，将活的细胞离体培养，观察加入的某种药物对细胞存活、生长的影响；把特定蛋白质表达抑制物（如抗体、反义RNA）引入生物体，观察它们对发育的影响等。因而可利用实验条件的改变和控制有针对性地再现或阻断特定的生命过程，以达到对生命活动过程和机理的深入了解。

控制条件，关键是控制影响实验的各种变量。变量就是可以改变或控制的因素及关系，通过对变量的控制或人为地改变来探究生命现象，了解生命活动的特性和差异。设置实验对照组是常用的控制条件的方法。这一方法的重要特点是通过控制变量，即在维护各种条件统一而仅单一因素改变的情况下，检查该因素对生命过程的影响。

第二节 小学科学物质科学领域学科教育价值分析

生命世界包含动物和植物等多种生物类群，生物的生存都需要一定的条件，例如营养物质、适宜的温度、水和空间等，在此基础上，生物个体能够生长、发育和繁殖后代，从而使这些生物类群得以延续。植物能够制造营养物质，可供自身利用；而动物则不能制造营养物质，只能利用植物等生物制造的营养物质。生物之间，以及生物与环境之间相互依赖、相互影响，它们共同组成一个有机的整体。

学生通过本领域内容的学习，既可以获得基础的生物学知识，又可以领悟生物学家在研究过程中所持有的观点，以及解决问题的思路和方法。学生在积极、主动地参与学习的过程中，亲历提出问题、获取信息、寻找证据、检验假设和得出结论等过程，从而获得新的生物学知识，养成以证据推理为核心的理性思维习惯，还有助于帮助学生形成积极的科学态度，发展终身学习的能力。

学习生命科学领域的知识对于学生的发展至关重要，这种学习经历对于培养学生的科学素养具有重要的作用，有助于激发学生了解和认识自然界的兴趣，帮助学生初步形成生物体的结构与功能、局部与整体、多样性与共同性相统一的观点，形成热爱大自然、爱护生物和保护环境的意识。

第二部分　教学实践

第一节　《动物的一生》教学设计

一、指导思想与理论依据

探究式科学学习对于儿童来说，本身就具有非常大的吸引力，所以小学科学的学科生命力是十分旺盛的。我们对于这一得天独厚的优势应该充分地利用而不是扼杀。儿童的天性是"嬉戏"，而这一天性不应该被忽视。特别是在教学活动的组织形式方面，我们应尽可能地选择活泼的、有趣的、适合儿童年龄特征的、具有一些情感体验乃至情感冲突的活动形式，并以此促进儿童学习的欲望，并在此前提下高效完成对科学概念的建构，而最终使得这门学科的强大生命力得以保持。

小学科学是一门综合理科学科，必然强调理性思维，强调科学概念建立过程的严谨性。但是我们不能忽视学生参与科学探究过程中情感的参与程度，忽视形成正确的对待自然界丰富多彩事物的科学态度与情感，尤其是在对生命世界的科学探究过程中，需要形成如关爱生命、研究生命和理解生命等正确的观念与情感。

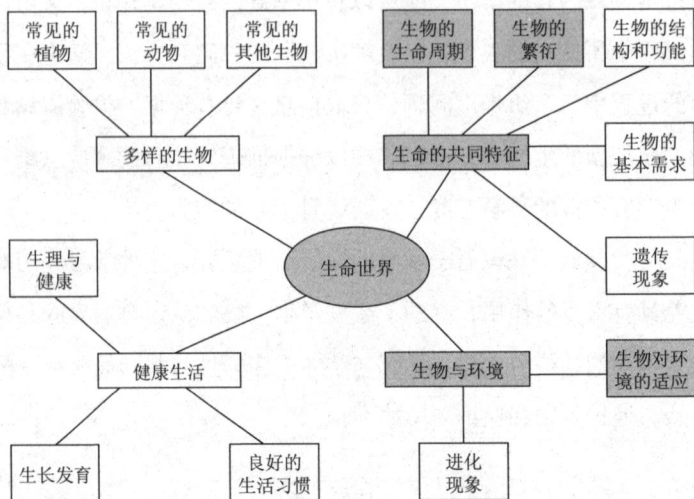

二、教学背景分析

（一）教学内容分析

本教学内容依托于首师大版小学科学教材第二册《动物怎么繁殖后代》一课。

1. 本课与课标相关内容分析

本课属于生命世界—生命的共同特征—生物的生命周期和生物的繁衍方面的内容，并涉及一些生命世界—生物与环境—生物对环境的适应方面的内容。

2. 单元教材分析

《动物怎样繁殖后代》是首师大版小学科学教材三年级下学期（第2册）第三单元《动物的生活》的第3课。《动物的生活》共包括《动物怎样吃食物》《动物怎样保护自己》和本课共3课。

《动物怎样繁殖后代》整篇课文的编写有两条线索（或者说两个核心问题），两条线索一明一暗：明线是通过观察讨论蚕和菜粉蝶、蜻蜓和蝗虫、兔和猪这三组动物的繁殖方式，知道在不同环境下、不同种类的动物繁殖方式是不同的，动物的繁殖方式主要有卵生和胎生两种方式。再通过后续的调查其他动物的繁殖方式活动，开阔学生的视野，激发研究动物的兴趣，并巩固对动物繁殖方式的认知。暗线是在观察讨论一些动物繁殖方式的同时，顺势了解动物从出生到死亡的周期性生命历程（出生、生长发育、繁殖、衰老和死亡），并期望学生能就植物一生的认知，感受到生物生命周期性的特点，认识生物的繁殖方式与生存环境相适应，正是生物繁殖方式的多种多样，才使得生物出现多种多样的状态。

3. 本节课的知识纵横向联系图

与本课相关的前后教材包括以下几个部分。

第一册第3单元《人与动物》中的《动物世界》《饲养的动物》《拯救野生动物》；

第七册第2单元《生物与环境》第2课《猫头鹰与农田》；

第七册第3单元《身边的运动》第2课《动物的运动》。

本课知识的横向联系图如下：

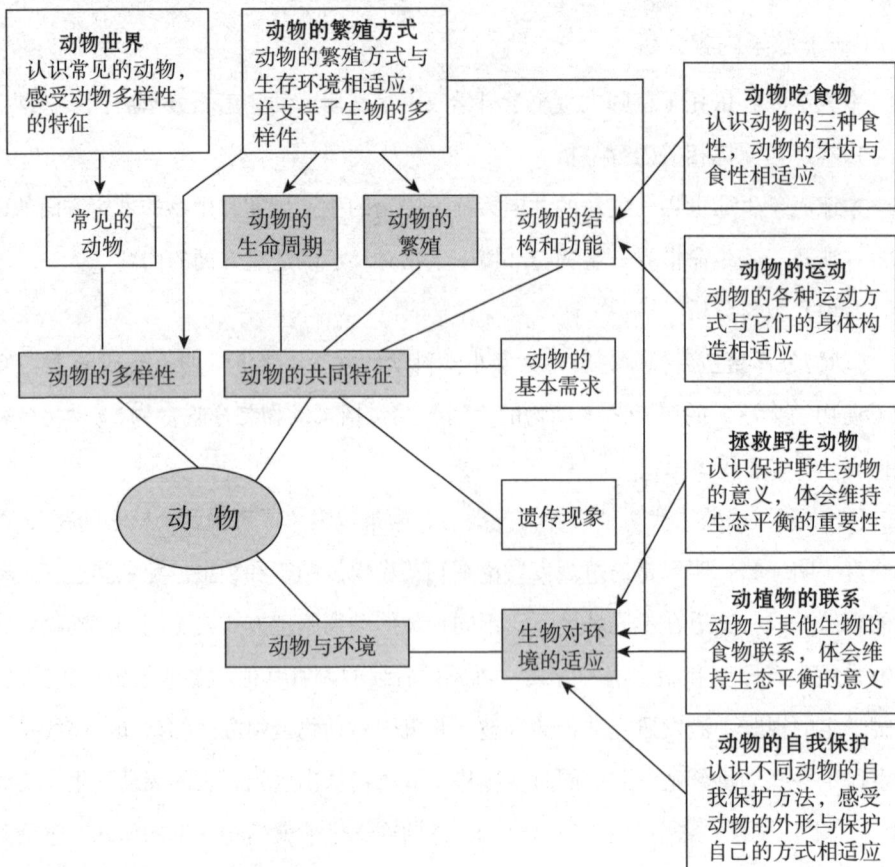

本课知识的纵向联系图如下：

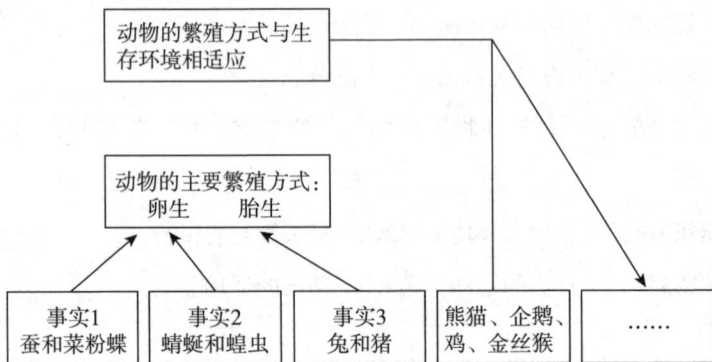

```
┌─────────────────┐
│ 生物具有生命周期性 │─────────────────┐
│ 的特征          │                 │
└─────────────────┘                 │
                                    │
┌─────────────────┐                 │
│ 动物都要经历出生、 │                 │
│ 生长发育、繁殖、衰 │                 │
│ 老和死亡的历程   │                 │
└─────────────────┘                 │
   ↑    ↑    ↑      │                 ↓
┌──────┐┌──────┐┌──────┐┌──────────┐┌──────┐
│事实1 ││事实2 ││事实3 ││熊猫、企鹅、││……  │
│蚕和菜粉蝶││蜻蜓和蝗虫││兔和猪││鸡、金丝猴 ││      │
└──────┘└──────┘└──────┘└──────────┘└──────┘
```

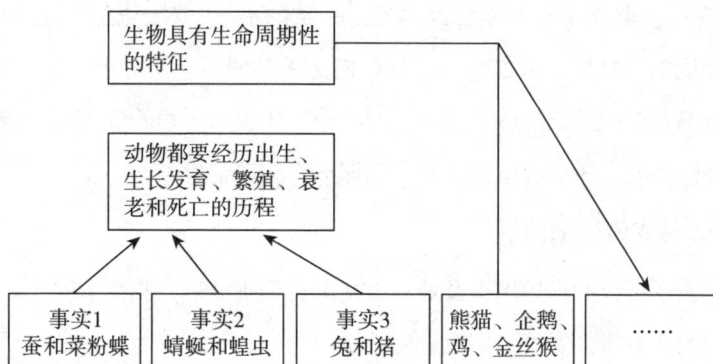

（二）学生情况分析

本课教学对象是小学三年级学生，对于本课需要建立的科学概念（动物的不同繁殖方式、动物生命的周期性特征及动物多样性的认知）学生已经具有相当数量的科学事实，这些科学事实的获得大致通过了以下两类途径。

途径一：学生自身的亲身经历形成的直接经验，如：亲自对某一种类的小动物饲养；在特定环境中对某一种类小动物的亲身观察等。这类经验的记忆是深刻的，但是对概念的认知不够深入、全面、完整与系统。比如：通过调查发现班级里有近三分之一的学生养过蚕，但是访谈时发现他们对蚕蛾从出生到死亡各个阶段的事实记忆深刻，但是都没有形成蚕蛾一生的出生、生长发育、繁殖、衰老、死亡的清晰完整的过程性、周期性、共同性的认知。

途径二：学生通过间接途径获得的间接经验。例如：有关动物的图片、视频资料、有关动物的文字描述、权威人士的讲述等。对于建立概念来讲，这些间接经验具有容量大、范围广的优势，但是也具有记忆不清晰、缺乏系统性、缺乏直观事实做证据支撑等劣势，甚至还有的是错误的经验。例如：通过访谈发现，有的学生只将蝌蚪与青蛙建立了发育上的联系，而不知道蟾蜍的幼体也是一种蝌蚪；有的学生认为所有的鲨鱼都是卵胎生的。特别是有近二分之一的学生对动物的卵的概念的外延认知不够明确，他们认为像昆虫类、两栖类动物、鱼类产下的卵才是卵，而鸟类、爬行动物类产下的卵叫蛋。

对于本课科学概念建立所需的各项技能（语言表达能力；分类、归纳、演绎等思维能力等），三年级的小学生已经具有了一定的水平。对于概念的建立还是有着很大支撑力度的，特别是分类能力、演绎能力尤其明显。而对于学生的归纳能力，本课他们将遇到一次挑战，即通过一定的动物一生生命历程的事实，总结归纳出动物一生的共同特征，所以这也就成为了本课教学的教学难点。

（三）本教学设计的改进

基于本教学设计的指导思想及对学生情况的调查分析，我将本课的教学内容和教学活动的组织安排都做了一些改进与调整。

在教学内容上，我选取了具有学生较熟悉的、更具代表性的动物来进行动物繁殖方式的概念学习，特别是我将"蛋生"动物及卵胎生的繁殖方式（学生对于卵胎生的已知和关注度都很高）选进了研究对象，这就补充了教材的事实方面不足的缺失。在动物一生的周期性认知方面，我为学生准备了涵盖面更广的动物事实，以期学生能对规律认同有更多的证据支撑。

在教学活动的安排上，我安排了两个中心活动。一个是以"动物幼儿园放学家长接孩子"为活动形式的角色扮演活动，以期学生能以此活动为依托，开展对动物不同繁殖方式的探究；一个是以"制作生命链条和链环"的递进式动手活动，以期学生能在动手之后经过动口、动脑建立动物生命周期性的认识。这就避免了教材的活动形式单一、缺乏活泼趣味情境的薄弱点。

三、教学目标

（一）教学目标

1. 知识目标

（1）帮助学生对动物的繁殖方式获得一些认识：不同的动物繁殖后代的方式不尽相同，常见动物的繁殖方式主要有胎生、卵生两种，少数动物采用卵胎生的方式繁殖后代，感受生命的多样性。

（2）引领学生逐步了解动物的一生要经历出生、生长发育、繁殖、衰老、直至死亡的生命周期，并且这个生命周期的长短又不尽相同。初步认识到这是所有动物所共有的自然规律，感受生命的周期性特点，认识繁殖的意义。

2.能力、技能目标

（1）激发学生表达自己所知及观点的欲望，并提高他们有关此项的能力。

（2）培养学生分析、归纳的科学思维能力。

（3）培养学生对资料的分析、筛选、重组及归类等处理能力。

（4）培养学生动手制作能力，学会使用两脚钉的方式连接物体。

3.情感态度价值观

（1）唤起学生关注生命、尊重生命和关爱生命的感情共鸣。

（2）初步体会生命现象是有规律的，它们有着自己必须遵循的法则。

（二）教学重难点

1.教学重点

对动物的繁殖方式和生命周期获得一定程度的认知。

2.教学难点

通过尽可能多的资料获得信息，归纳概括动物的生命周期，对动物的多样性和生命历程的相同性均获得一些感受。

四、教学过程

（一）通过"幼儿园放学家长接孩子"的角色扮演活动，展开对动物繁殖方式的探究

活动名称：幼儿园放学了。

活动内容：教师主动创设动物幼儿园放学的情境，巧妙地安排学生以组为单位去扮演动物——"幼儿"，幼儿的"家长"——母体，来按照图片出示的顺序，接回自己的孩子。

活动形式：教师组织，学生以小组为单位参与，全班进行交流。

活动材料：见教学用具准备中的教师用具。

活动过程：

1.导入语：动物界也有一个幼儿园，叫作"动物之家"幼儿园（PPT图片：动物之家幼儿园），幼儿园又到了该放学的时间了，幼儿园的宝宝们都焦急地等待着

家长接他们回家。我们快看，小动物出来了（PPT图片：家猫幼体小猫咪）——咦？怎么没有家长来接它回家呢？它的家长在哪里？家长就在同学们桌面的信封里，请打开。

2. 学生以组为单位打开信封，取出里面的动物卡片并观察。

3. 组织学生按照PPT所出示的动物幼体图片的顺序来接孩子，并通过师生交流展开对动物繁殖方式的探究。

关于胎生

教师关联语及问题如下。

1. 请屏幕上的动物宝贝的家长拿着你们手中的卡片到前面来接孩子。

2. 请将你们手中的卡片举起来向大家展示一下。

3. 你们要接走的宝贝叫什么名字？

4. 大家觉得他们可以接走小猫咪吗？请说出理由。

【设计意图】这是一次组织全班参与的讨论活动，学生通过对屏幕上的猫咪和前面学生手中的家猫母体的外部形态特征的观察，寻找家猫幼体与母体的外型上的相似之处，从而对胎生动物生长发育特点（变化较小、外形相似）形成认知萌芽。选取家猫作为胎生动物的代表是因为学生比较熟悉，并且小猫咪外形可爱，更有利于唤起学生对小动物的关爱之情。事实上，采用换位的角色扮演的活动形式来进行动物繁殖方式的探究，也是希望学生能体会母体对幼体的抚幼之情。

师：看来你们接对了，但是在接走宝贝之前，我们交流一个问题好吗？请问你们的小猫咪是怎么出生的？（PPT图片——刚刚出生的小猫咪）

（从这个问题开始，师生进入到了动物繁殖方式的探究之中。之所以先从胎生开始探究，是因为通过教学实践发现学生对胎生的繁殖方式的熟悉程度要优于卵生，并对胎生动物的熟悉种别也多于卵生）

小动物出生的方法，科学上叫作"繁殖方式"。（教师板书：繁殖方式）

像小猫咪这样，由动物妈妈直接生出小动物的繁殖方式叫什么？（如果学生不能答出，教师可直接出示"胎生"名词）（教师板书：胎生，并板贴刚出生的小猫咪图片）

还有别的动物也是用胎生的方式繁殖后代的吗？请举一个例子（这是一个巩固

的过程，通过更多的事例加深学生对胎生繁殖方式的认识）。（教师随机板书胎生动物的名称）

那就请你们把你们的宝贝接回去吧，请爱护好他（教师将小猫咪卡片双手交给小组学生，暗示学生双手接过，以此唤起学生对小动物的关爱情感）。

卵生

教师关联语及问题串如下。

还没有接到孩子的家长们请注意，又有动物宝贝出来了（PPT图片：蚕），

（选取蚕蛾作为第二个研究的动物，并使之成为卵生动物的代表之一，是因为蚕蛾属于卵生动物中最大的种群——昆虫类，另在教学实践中发现学生对于常见昆虫的熟悉程度，以蚕为最，这是因为有一部分学生有着养蚕的亲身经历。在教学中，教师要关注那些没有养蚕经历的学生，可采用视频资料做备用补充）

请屏幕上这个小动物的家长拿着卡片到前边来。你们代表的动物是谁？你们确认没有接错吗？为什么？其他组同学的意见呢？

（蚕蛾的生长发育过程是完全变化过程，在学生将蚕蛾和蚕进行外形比较的过程中，以及在学生关于蚕的生长发育过程的交流过程中，学生可能会注意到蚕蛾生长发育的外形变化较大的特点，为后续的关于昆虫与两栖动物的变态发育的概念学习做认知准备。这里教师应顺势做一下养蚕经历的课堂调查，并鼓励有养蚕经历的学生多发言，使这些经历成为学生的学习资源）

看来你们没有接错小宝贝，那么能将小蚕是怎么出生的，也就是蚕蛾的繁殖方式介绍一下吗？（PPT图片：蚕蛾产卵和蚁蚕）

像蚕蛾这样，大动物先产卵，再由卵孵化出幼虫的繁殖方式叫什么名字呢？（教师板书：卵生：板贴蚁蚕图片）

还有哪些动物是用卵生的繁殖方式繁殖后代的？（教师板书：随机记录学生提出的动物名称）

【教学预设】 如果学生列出的动物中有像鸡（先产下有硬壳的蛋，再孵化出小动物）那样的繁殖方法，教师可质疑：它的宝贝不是从蛋里孵化出来的吗？怎么叫卵生呢？接着顺势引领学生进入下一个代表动物——家鸡繁殖的研究。

请把你们的宝贝接回家，你们一定会爱护好他（教师将小猫咪卡片双手交给

小组学生，再次提示学生双手接过，进一步唤起学生对小动物的关爱情感）

关于蛋生

【设计意图】之所以没有直接将蛋生的繁殖方式与卵生的繁殖方式合二为一，是从学生的实际认知情况来考虑的。通过教学实践，我发现只有少部分学生知道蛋类也是卵的一种，而更多的学生是不知道这个知识的。所以，我们应该先顺着学生的知识结构进行教学，在恰当的时机，再将学生的错误概念进行纠正。而这个纠正的过程不应是直白的、直接的，那样对于学生的顽固前概念的纠正作用力会很小，甚至起不到任何的作用。本课我采用的是在一个分班活动的情境中进行概念的纠正。即请学生按照动物的不同繁殖方式为幼儿园进行一次分班整理，学生会分成胎生班、卵生班、蛋生班、卵胎生班四个班，这时教师告诉学生，其实像鸡蛋、鸭蛋、恐龙蛋、海龟蛋等也属于卵，只是它们是有硬壳的卵，所以蛋生班的学生应该和卵生班的学生合并成一个班。经过这种一分一合的过程，期望对学生卵的认识能够清晰完整。

教师关联语及问题串如下。

又有动物宝贝出来了（PPT图片：小鸡）。

【设计意图】选取家鸡作为第三个研究的动物，并使之成为卵生动物的代表之一，学生对于家鸡的繁殖较熟悉，另外小鸡的形态很可爱，容易唤起学生对小动物的关爱之情。并且家鸡的繁殖方式具有代表性，即先产下硬壳的蛋，再从蛋中孵化出小动物，这种卵生的方式和昆虫类的卵生方式在细节上有着不同之处。

请屏幕上这个小动物的家长拿着卡片到前边来。请将小鸡的繁殖过程介绍一下（PPT图片：刚刚出壳的小鸡）。

像家鸡这样，大动物先产下蛋，再由蛋孵化出小动物的繁殖方式叫什么名字呢？（教师板书：蛋生，板贴刚出壳小鸡图片）

还有哪些动物是用蛋生的繁殖方式繁殖后代的？

（教师板书：随机记录学生提出的动物名称）

请把小鸡宝贝接回家，你们一定会爱护好他。

关于卵胎生

【设计意图】在教学实践中，我发现较少的孩子对卵胎生有一些认识，具体表现为知道几种动物是卵胎生的，但具体怎么繁殖就不知道了。所以我觉得还是应该将卵胎生的知识作为本课教学内容之一。一方面，此部分的教学可以使学生对动物多样性有一点感受；另一方面，学生们对动物的繁殖方式的认知有机会变得完整。

动物繁殖后代除了胎生、卵生和蛋生外还有别的方式吗？

【教学预设】如果学生能够提出卵胎生的繁殖方式，则顺势引领学生了解这种繁殖方式的特点和代表动物；如果学生没有提出卵胎生，可把这部分内容的教学机动地放到下面给幼儿园分班活动之后进行。

方案一：学生提出卵胎生之后

卵胎生是怎么繁殖的呢？（教师可适当补充：卵胎生的繁殖方式既不同于卵生（即先产卵再孵化）也不同于胎生（小动物直接出生），而是先形成卵，但是动物不把卵产出体外，而是在动物体内依靠卵内的营养孵化出小动物后再生出来，所以叫卵胎生）

教师板书：卵胎生

哪些动物是用卵胎生的方式繁殖后代的呢？（教师可适当补充：用卵胎生方式繁殖后代的动物有鲨鱼、蛇、蜥蜴等。如这条白唇竹叶青蛇）

教师板书：卵胎生动物名字。

PPT图片：成年白唇竹叶青蛇图片。

PPT图片：正在繁殖生产小蛇的白唇竹叶青蛇图片。

教师板贴：正在繁殖生产小蛇的白唇竹叶青蛇图片。

方案二：学生没有提出卵胎生

直接先进入下一个环节（按照动物的繁殖方式给幼儿园重新分班），分班结束。教师创设情境：怎么又写小动物没有找到他们的班级呢？（出示白唇竹叶青蛇和长尾鲭鲨图片），然后教师讲解卵胎生的繁殖方式的相关知识。

4.引领学生对动物繁殖方式归纳整理

组织学生按照繁殖方式对幼儿园进行重新分班，顺势将蛋生班与卵生班合并，让学生们形成对动物繁殖方式的清晰完整认知。

（二）通过动手制作"生命链条"和"生命链环"活动，展开对动物一生的生命历程各阶段及生命周期性的探究

过渡语：每时每刻，动物界都在诞生着一个个新的生命，这件事如果我们放到动物的一生中去考虑，这是动物一生中的其中一个阶段，这个阶段叫"出生"（教师板书：大括号和出生）。小动物出生之后，它们也就开始了属于它们自己的精彩一生。在动物的一生中会发生很多的事情。为了能更好地研究它们的一生，老师为每组同学都准备了四种动物一生各阶段的卡片，但是这些卡片都混杂在了一起，所以你们需要先将卡片按照不同动物进行筛选分类，然后用一种工具——两脚钉将它们按照一生的时间顺序连接起来。制作完成后，还请同学们组织一下语言，将你组装的小动物的一生用讲故事的方法将给大家听。

1.教师利用PPT讲解两脚钉的使用方法。

2.学生分组进行生命链条的制作。

3.制作完成后，开始讲故事展示。

在学生讲故事的过程中，教师通过追问与质疑，逐步引导学生关注动物一生的周期性和生命过程的相同性。

长大之后呢？新出生的小动物出生之后呢？（此时可引领学生将动物的成熟个体图片与出生图片连接起来，形成生命链环，以加强学生对繁殖意义的理解）

大动物在繁殖后代之后，又怎么样了？（指向动物一生的衰老和死亡阶段）

4.归纳总结：动物的一生可以分成几个阶段？不管哪一种动物都要经过这些阶段吗？

（三）通过对"一些动物的寿命表"中数据的观察、比较与分析，认识动物寿命长短的差异

过渡语：在刚才的讲故事过程中，我发现有的动物例如蚕蛾，当它完成繁殖任务后很快就会死亡，而有的动物还能继续繁殖几代才衰老和死亡。我们称动物从出生到死亡的时间为寿命，下面请同学们观察一些动物的寿命时间表，看看你们能发现什么？

1.教师通过PPT出示《一些常见动物寿命表》。

2.学生全班观察表格数据并讨论自己的发现。

3. 教师总结：不同动物寿命长短是不一样的。

（四）课堂反思、巩固所学

组织学生通过板书与回忆，展示自己本节课的学习所得。

五、板书设计

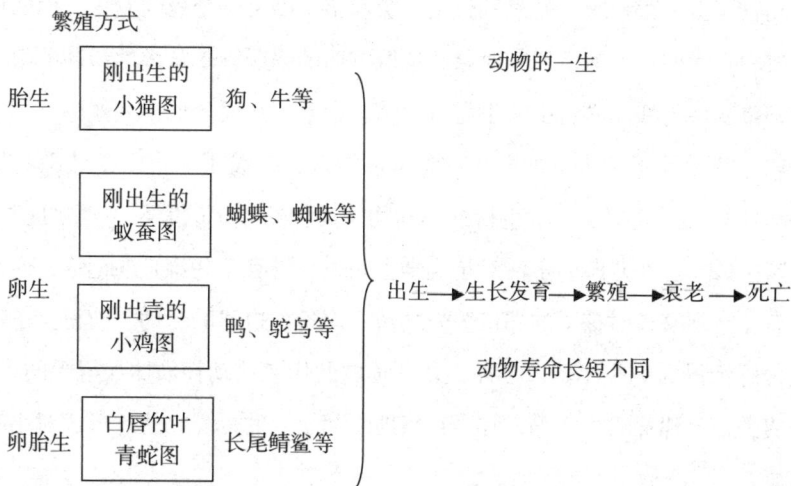

六、教学反思

嬉戏是儿童的天性。而我们的基础教育无论是教材还是教学活动的设计与实施者们，又有多少真正考虑到这个天性呢？我们看到更多的是天真烂漫的年华在一天天被繁重乏味的学习活动消耗着；我们看到更多的是浓浓的探究热情被一个个缺乏趣味、缺乏情感的探究活动一点点磨灭着；我们看到更多的是满怀真挚之情的眼神在一种种机械、冰冷的学习方式下变得越来越冷漠。每当我看到或想到这些，我都会有一种恐怖的担忧。

特别是有着科学启蒙使命的小学科学学科，本来它是一门非常适合儿童的具有强大生命力的学科，但是我们对科学概念的建立的完美追求，对科学概念深度的过度关注，导致我们往往忽视了学生内心的情感需求。相对于概念的获取、能力的获得，学生学习情感的持续保持和不断升温，需要更多的教育者的关注与支持，这是一个更加需要教育智慧与热情的使命级的任务。

关于《动物的一生》这节课的教学，教师在设计的过程中，积极、主动地从关注学生学习进程中情感变化的角度出发进行了一个较为大胆的尝试，获得了较好的效果。

1.角色扮演　获得情感的体验

第一个教学任务是建立动物的不同繁殖方式的概念认知。教材中的安排是通过三组动物（蚕和菜粉蝶、蜻蜓和蝗虫、兔和猪）的关于繁殖与发育方面的比较异同来达成的。我们先不考虑研究对象的选取方面的问题，单从教学活动的组织形式上，这种重复性的活动必将引来学习者的情感疲乏，从而降低学习效率。

所以，我设计了学生可能会喜欢参与的游戏，创设了一个学生熟悉的学习情境——动物幼儿园放学了，学生扮演小动物（动物幼体）的家长（动物成熟个体）来幼儿园接孩子。幼儿园的生活对于小学生来说必将有一些难忘的记忆，但是他们可能没有注意到家长对孩子的那份关爱之情。而角色扮演的活动，使得孩子们有机会对这份感情得到一些体验。另外，教师选取的代表性动物幼体如可爱的小猫咪、肉呼呼的蚕、毛茸茸的小鸡等，都会自然地唤起学生的爱心，使之形成对小动物的关爱之情。

2.动手、动口和动脑　获得生命的本质认知

动手制作毫无疑问是孩子们最喜欢的活动，并且我们如果能将动手与动口、动脑结合起来，必将对概念的认知形成全方位的大脑刺激。

本课的第二个教学任务是建立动物生命的周期性认知，这个概念的简历需要更多的科学事实的支持才能建立。所以，教师设计了一个动手制作活动——制作"生命链条"和"生命链环"。他们需要先从混杂的图片中选择出一种动物一生的图片，然后用两脚钉进行连接，当连接成功后，再用一段话将一种动物的一生从出生开始直至死亡的生命过程进行陈述，在丰富的事实积累后，引领学生动脑通过归纳推理指出动物一生的共同特征，从而对生命的本质有了一些认识。

这样安排教学方法，从概念建立过程的严谨程度上看可能会有所欠缺，但是也有所得。从这节课的课堂效果来看，学生参与学习的态度一直很积极，学生活动的参与面很广泛。从课堂上学习反思讨论时，学生的发言中，也发现学生的概念建立得还是很牢固的，也算是达到了预期的效果。

第二节 《观察蜗牛》教学设计

观察是人们获得感性认识的基本途径，通过眼睛看，学生能够获得更多的对于世界的认识，只有观察世界才能认识世界，观察得越仔细，认识也就越深刻，观察得越全面，认识也就越完整。对于小学生来说，尤其是低年级的小学生，科学学习是科学启蒙教育的一个重要的阶段，是一个起始的阶段，那么让学生学会观察就犹如掌握揭示科学奥秘的一把金钥匙，是学习科学入门的一种本领，是学习科学的前提方法，更是小学生必须具备的基本能力之一。

一、指导思想与理论依据

（一）指导思想

在生命科学的学习中，对于生命本质的认识尤为重要。比如动物是活的，都具有一定的外部形态特征，都具有一定的生活习性，都需要一定的生活条件。通过观察一只蜗牛，学生可以找到动物是活的相关证据，发现蜗牛符合动物的共同特征。

在观察的过程中，我希望学生不是盲目的泛泛的观察，而是有目的的观察，有计划的观察，这才是一种科学的观察，是一种有效的观察，在观察中获得更多的、更为直接的经验和知识，这符合低年级学生探究学习的方式。

（二）理论依据

《2017年小学科学课程标准》明确指出：生命世界包含动物和植物等多种生物类别，生物的生存都需要一定的条件……生命领域的学习，有助于激发学生了解和认识自然界的兴趣，帮助学生初步形成生物体的结构与功能、局部与整体、多样性与共同性相统一的观点。

在《小学科学教师入门十课》中，曾宝俊老师这样描述科学观察的意义："科学观察是科学家进行科学实践活动的基本形式和重要流程，科学观察是连接自然现象和科学真理的桥梁。作为科学研究的一种基本方法，科学观察不是简单地用眼睛看、用耳朵听、用鼻子闻、用手去摸，不是仅仅凭借人的感官在自然界中进行盲目搜索的活动。真正的科学观察具有目的性和计划性，要确定观察的对象、观察的角度和观察的步骤等。这就使科学观察区别于一般的感性活动。"

二、教学背景分析

（一）课标位置与要求

本课的学习内容属于生命科学领域，在该领域中，关于蜗牛结构特征和运动的研究，指向的主要概念如下。

1. 说出生活中常见动物的名称及其特征。

2. 动物通过不同的感官感知环境。

（二）教学内容分析

《观察一种动物》一课属于教科版《科学》一年级下册教学内容，属于《动物》单元，为本单元第3课。其前已有2篇课文：第1课《我们知道的动物》；第2课《校园里的动物》；其后有3篇课文：第4课《给动物建个家》。第5课《观察鱼》；第6课《给动物分类》。

所以，本课教学活动开始之前，学生通过图片已经初步认识了动物的共同特征，并能用语言来简单描述一种动物。在此基础上，让学生们走出教室，观察认识身边真实的动物，感受动物与环境之间的关系。其中，有两段经历对本课学习会产生积极的作用，具体如下。

一是关于"动物的共同特征"的学习，学生知道动物都有一定的身体结构和生活习性，这些知识为蜗牛的学习做好知识铺垫。

二是关于"校园里的动物"的观察活动。在有目的地观察动物生活在哪里、他们的身体和运动情况的过程中，学生初步具有科学观察的能力，为本课的观察积累了一些经验。

另外，本课教学为第4课《给动物建个家》中，"蜗牛需要吃食物、需要运动等特点"的知识点做铺垫，并为水生动物的观察积累经验。

（三）学生情况分析

一年级下半学期，学生只有半年的科学学习经历，学习习惯的培养和注意力集中的时间都需要特别关注。低年级课堂上的语言交流应有简单易懂、拟人化等特点。在一年级上册植物单元的学习中，学生已经做过区分生命和非生命的练习，对于动物生命本质的认识有一定的帮助。并在《观察叶》《在观察中比较》《发现物体的特征》等课中，具备了一些观察、比较的能力。

在对学生进行"画一只真正的蜗牛"前测过程中，发现100%学生能画出壳、身体和触角这三种结构。20%的学生能正确画出蜗牛的眼睛，30%的学生认为蜗牛没有眼睛，50%学生认为蜗牛的眼睛位置是错了。25%的学生能正确画出四只触角，75%的学生只画出两只触角。20%的学生认为蜗牛有嘴巴，80%的学生认为蜗牛没有嘴巴。学生对于蜗牛身体结构的迷茫点表现在触角的数量、眼睛的位置及是否有口上。

（四）教学方式与手段

教学方式：科学观察。

手段：通过观察蜗牛获得更多的更直接的知识。

（五）技术准备与教学媒体

教具：结构板贴（触角、眼睛、口、壳和腹足）、功能板贴（探测、观察、吃食、保护和爬行）、空白问题卡片、蜗牛画像（小组用，个人用）、蜗牛相关图片和视频。

学具：白玉蜗牛。

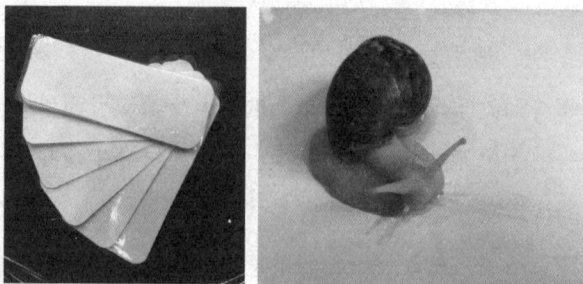

三、教学目标

（一）教学目标

1. 科学知识目标

通过本课学习，学生知道蜗牛身体上有壳、腹足、触角、眼睛、口等，这些身体结构能够满足它们的生存需要。知道蜗牛运动缓慢，能利用腹足在物体表面爬行。

2. 科学探究目标

（1）科学地观察蜗牛的外部特征和运动方式。

（2）尝试用科学词汇描述观察到的信息。

3. 科学态度目标

（1）能在好奇心驱动下，对蜗牛表现出探究兴趣。

（2）愿意倾听、和他人分享有关蜗牛的发现，乐于表达自己的观察发现。

4. 科学、技术、社会与环境目标

通过本课教学，认识蜗牛是有生命的，是大自然的重要组成部分，产生爱护动物的意识。

（二）教学重难点

1.教学重点：通过本课学习，学生知道蜗牛身体上有壳、腹足、触角、眼睛和口等，这些身体结构能够满足它们的生存需要。

2.教学难点：动物的身体结构能够满足它们的生存需要。

四、教学流程

基于对动物共同特征的学习，学生已经认识到动物是有生命的，本课学生将第一次近距离亲身观察一种动物，并且将学生对蜗牛身体结构的已有认知作为本课的观察起点。学生对蜗牛触角的数量、眼睛的位置等身体结构产生认知冲突，进而产生观察需要，在有目的的、有计划的科学观察中，亲自寻找蜗牛到底长什么样的证据。教师帮助学生由局部到整体形成完整的蜗牛身体结构图。并在观察中体会这些身体结构能够满足它们的生存需要，体会蜗牛爬行的运动方式。

教学流程	师生行为	具体过程	教学意图
聚焦主题	教师创设情境	教师播放《蜗牛与黄鹂鸟》视频，并针对蜗牛相关歌词进行谈话	引入卡通蜗牛，激发学生学习兴趣，消除真实蜗牛带给学生的恐惧感，并挖掘歌词的意义，指向蜗牛需要吃食物、蜗牛需要保护自己、蜗牛运动缓慢的共同特征
产生观察需要	学生讨论蜗牛身体结构，出现不同答案，产生观察需要	观察蜗牛画像，分析蜗牛的身体结构像与不像	通过观察蜗牛画像，调取学生对蜗牛身体结构的之前认知，学生的不同意见产生认知冲突，产生观察需要，将认知冲突总结成问题，明确观察目的
		教师帮助总结有关蜗牛身体结构的疑惑	
观察蜗牛	学生观察：蜗牛的身体结构	学生带着问题观察蜗牛身体结构	培养学生进行科学观察，有目的、有计划地进行实事求是的观察，从中获得蜗牛身体特征的证据，培养学生的实证意识和实事求是的精神
	学生观察：蜗牛的运动方式	学生在此观察蜗牛的运动方式及运动器官	
知识应用	教师创设解决问题情境	教师将蜗牛画像作为礼物送给学生，并找出画像中不符合真实蜗牛的地方	最后的应用环节，学生依据课上所观察到的蜗牛结构特征，对手里的蜗牛画像进行评价，体会艺术创作也需要实事求是

五、教学过程

（一）儿歌导入，聚焦主题，激发学生学习兴趣，利用歌词回顾动物共同特征

1. 创设情境：老师在像你们这么大的时候，特别喜欢听校园歌曲，有一首歌到现在我还记得特别清楚，非常好听，我想先和小朋友们一起欣赏这首歌，你们可能也听过，如果你会唱，可以和我一起轻声唱。

2. 师生谈话：刚才歌里唱道"蜗牛背着那重重的壳呀，一步一步往上爬"，那它背着壳有什么用呀？（学生：保护自己）它不顾黄鹂鸟的嘲笑，坚定不移地往上爬，它要上去干什么呀？（学生：吃葡萄）可是葡萄树刚发芽，离葡萄成熟还早得很，它怎么现在就开始往上爬呀？（学生：因为蜗牛爬得慢）

【设计意图】儿歌更能集中学生的注意力，且卡通形象的蜗牛可以消除真实蜗牛带给学生的恐惧感。《蜗牛与黄鹂鸟》歌颂了蜗牛坚持不懈的进取精神，内容积极向上。且歌词内容指向了蜗牛需要吃食物、蜗牛需要保护自己、蜗牛运动缓慢等动物的共同特征。

（二）学生观察蜗牛画像，对蜗牛身体结构的不同观点产生观察需要，明确观察目的

1. 过渡：关于小蜗牛，你们知道的这么多呀，你们的储备知识真丰富，可以说是一个蜗牛小专家了。接下来，我想请各位小专家帮帮忙，做一个鉴定。

2. 讲述：我们学校的学生曾经在美术课上画过蜗牛，但是有些地方还有点拿不准，他们就画了两幅画，请你们比一比，找找哪里不一样，哪些部位更像真正的蜗牛。

3.学生分组观察讨论。

4.全班交流：学生说出自己的看法，关于蜗牛身体结构产生了不同答案。

5.教师小结：通过观察，我们产生了一些问题。

问题1：蜗牛有几对触角？

问题2：蜗牛眼睛在哪里？

问题3：蜗牛有没有口？

问题4：蜗牛的螺旋向左还是向右？

问题5：蜗牛的壳有没有开口？

【设计意图】低年级学生提出问题的能力较弱，所以教师采取观察不同蜗牛画像的方法，对比观察，找到蜗牛身体结构不一样的地方，调取学生对蜗牛身体结构的前认知，学生不同的意见产生认知冲突，产生观察需要，将认知冲突总结成问题，明确观察目的。

（三）对真实的蜗牛进行有目的、有计划的科学观察，在观察中获得更多的、更直接的证据，培养学生的实证意识和实事求是的精神

1.观察蜗牛的身体结构

（1）过渡语：当科学家遇到这种问题的时候，他们经常用一种非常好的，有效的方法来解决——科学观察，什么是科学观察呢？那就是认真、仔细、实事求是地看。

【设计意图】科学的观察应是有目的、有计划的，这样的感知活动才能达到预期的教学目标，就是对蜗牛身体结构的认识。明确告诉学生科学观察是一种寻求证据的好方法。

（2）提出观察要求：小蜗牛有几句话想托我说给你们："我是一只小蜗牛，我的胆子有点小，稍微有点动静或者大点的声音，我就要缩回壳里去了，不过我很愿意和你们一起上一节科学课，但是我又怕有人随便碰我，怕有人大声吵我，所以不知道哪个组能和我愉快地上课呢。"

【设计意图】蜗牛对生活环境有一定的需求，它需要安静，此处通过这个小要求引导学生给小蜗牛一个安静的环境。对于低年级学生的活动要求，语言拟人化，他们更容易接受。

（3）学生分组观察

（4）汇报交流：通过亲自跟小蜗牛请教，你们解决了哪个问题？

学生汇报蜗牛身体结构，教师板书画图总结。

预设1：学生通过观察，没有看到口和眼睛。

教学策略： 教师通过PPT辅助讲解。因为触角上的眼睛不容易观察，知道眼睛在触角上的学生会主动去寻找眼睛，多数学生不知道就很难观察到。当观察不到的时候，通过图片证据，证明眼睛的位置。由于蜗牛的形态较小，也不容易观察到口，通过两张图片，一个是静态的口，一个是正在吃东西的口，这就证明蜗牛有口，也显示了口的功能是吃食物。

预设2：学生不会判断蜗牛壳的螺旋方向。

教学策略： 教师指导学生从中心向外画圈，判断是右旋还是左旋。因为左旋蜗牛较少，所以通过讲解及图片对比，解答学生关于左旋的疑惑。

2.观察蜗牛的运动方式

（1）过渡语：刚才我们观察蜗牛的时候，它一直在动，蜗牛能做什么运动呀？（爬）。生活中我们确实见过一些动物会爬，比如：小蚂蚁会爬，小蚂蚁靠什么爬呢？（足）。小乌龟也会爬，小乌龟靠什么爬呢？（四肢）。

（2）提问：那小蜗牛靠什么爬呢？

预设：蜗牛靠黏液爬。

教学策略： 教师追问"黏液在哪里"，学生回答"在身体上"，引导学生关注到蜗牛的身体。"那小蜗牛在爬的时候，是身体哪个部位接触到的地面呢？"学生再次产生观察需要。

（3）观察要求：接下来，咱们请小蜗牛给咱们来个爬墙杂技表演，一会儿每个组只需要把瓶子竖起来，蜗牛就开始表演了，请你们仔细看，蜗牛爬的时候到底哪部分接触墙面。

（4）学生分组观察

（5）汇报交流：蜗牛身体最下面贴着墙面，那部分就是蜗牛的腹足，蜗牛就是靠腹足来爬行的。

（6）总结：今天通过观察真正的蜗牛，我们知道了蜗牛的身体有这几个部分：壳、触角、眼睛、口和腹足。每个部分都是做什么用的呢？（保护、探测、观察、吃食和爬行）

【设计意图】鼓励学生表达观察发现，经过教师板书整理，将学生局部观察到的身体特征，形成整体的蜗牛简图，从局部器官向整体结构迈进。

（四）教师创设解决问题情境，学生进行知识应用

布置学习任务：今天你们的表现真不错，老师有礼物想送给你们，是我们学校的小朋友画的蜗牛，请你回去看一看，哪个地方和我们科学课上观察的不一样，你可以自己再画一张修正过的，作为送给自己的一份礼物。

【设计意图】最后通过送给学生的礼物，让学生对蜗牛结构的知识进行应用。能在不同的画像中找到蜗牛结构的错误，区分艺术画像和真实蜗牛的区别。

六、板书设计

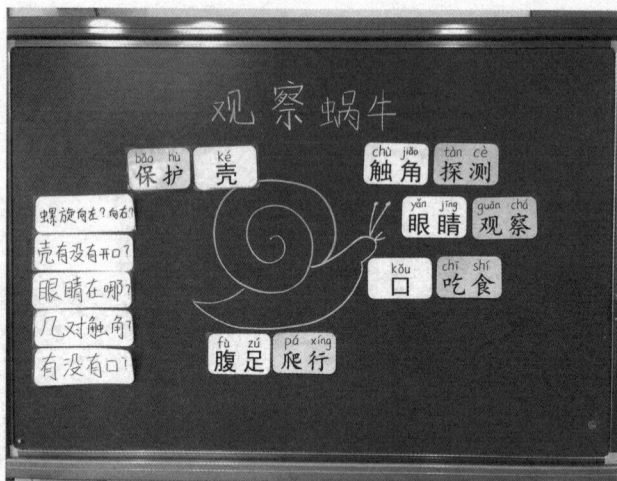

七、学习效果评价设计

评价方式：课堂学习情感的观察与学习任务的达成度

优秀	良好	合格
探究兴趣浓厚，愿意倾听、分享他人有关蜗牛的发现，乐于表达自己的观察发现。知道蜗牛身体上的结构特征能够满足它们的生存需要。发现蜗牛符合动物的共同特征	探究兴趣浓厚，愿意倾听、分享他人有关蜗牛的发现，乐于表达自己的观察发现。知道蜗牛身体上的结构特征能够满足它们的生存需要，对蜗牛符合动物的共同特征有点意识	探究兴趣浓厚，愿意倾听、分享他人有关蜗牛的发现，乐于表达自己的观察发现。知道蜗牛身体上的结构特征能够满足它们的生存需要。在老师的启发下，意识到蜗牛符合动物的共同特征

八、教学反思

1.带领学生进行有目的、有计划的观察，用科学方法寻找证据。

对于低龄儿童来说，培养他们的观察能力至关重要，观察就是他们探索科学奥秘的一把金钥匙，是他们探究的起点。本课起始于学生对蜗牛身体结构的前认知，聚焦问题，进行有目的的观察，再次认识生命的本质。因为低年级学生的自身特点，注意力集中时间短，记忆力差，可以进行分次观察，第一次观察身体结构，第二次观察运动方式，这样目的性更强，观察更有效。

2.通过观察蜗牛，认识到动物的共同特征，找到生命的本质。

学生观察到蜗牛的每个身体结构，都有其相应的功能，综合起来，就是生命的本质。动物都有其身体结构，蜗牛也一样，它的口可以吃食，壳可以保护，眼睛可以观察，触角可以探测，腹足可以爬行。学生在观察的同时，亲身感受这些功能。在导入的时候，教师要求学生轻声唱，在让学生观察前提示学生小蜗牛喜欢安静，暗示学生蜗牛需要特定的生活环境，培养学生爱护动物的意识。认识生命、尊重生命，这就是学生应该具备的核心素养，也是适应未来生活的关键能力，当然只用这一节课还是不够的，我想在以后的课堂中，继续渗透这种观念，使我们的学生逐渐成为合格的社会公民。

第三节 《观察鱼》教学设计

一、指导思想与理论依据

新《课标》指出，学生对周围的世界具有强烈的好奇心和积极的探究欲，学习科学应该是他们主动参与和能动的过程。科学课程应是"儿童的科学"，即在充分体现科学特质的同时，也必须符合儿童的年龄特征和心理发展的需要。儿童是学习的主体，科学素养的形成是在各种活动中由自身与外界的相互作用来实现的。因此，教师在教学活动中要注意引导一年级学生从自己的世界出发去观察、实践、体验，通过问题的探讨可以促进孩子思维的提升。本课的设计正是基于以上认识的一种尝试。

本课围绕"动物身体的外形特点与生活环境是有关系的"这个主要概念，以观察、记录、描述和模仿为重点，引导学生在金鱼的观察中，了解身体结构和生存需要，意识到动物的形态特征适应它们的生存环境，并影响了它们的行为，同时让学生体会珍爱生命的重要性。

二、教学背景分析

《观察鱼》一课是义务教育小学科学课程标准教材教科版《科学》一年级下册

第二单元的第5课。本单元指向对生物特征的认识，前几课主要观察的是陆生动物，本课将开展对水生动物的观察活动，以鱼为对象，继续观察动物个体。鱼类的身体形态与蜗牛等陆生动物有较大区别，鱼类具有明显的适应水生环境的身体特征，如有鳍和鳃等，这些都指向动物适应环境的特点。

鱼是学生比较熟悉的动物，也是餐桌上常见的食物，对"鱼长什么样"，一年级学生的认识比较笼统。如何通过细致的观察对鱼的身体结构有较为系统的认识，对于一年级学生来说有难度，因此设计可以通过"正确寻找鱼的图片，补充不完整鱼的图片"的记录方法和"为金鱼粘贴鱼鳍"的活动，指导学生在观察过程中仔细观察到不易发现的部分，同时将学生观察到的比较零散的鱼的身体结构系统化，从而可以有效地促进学生对鱼的认识。关于"鱼是怎样运动和怎样呼吸的"这些问题，主要是通过学生进行动作模型或者利用模型来模拟，以及教师提供的鱼鳃模型，帮助学生理解鱼是如何运动和呼吸的。针对"鱼为什么能生活在水中"这个问题，学生有一个简单的认识，那就是和鱼的运动、呼吸有关，但是具体是什么器官支持鱼的运动和呼吸存在认识偏差，通过对"鱼长什么样""鱼怎么运动和呼吸"的学习来建构正确的科学概念。

三、教学目标

1. 了解鱼类有适应水生环境的鳃、鳍和鳞片等身体结构，具有呼吸、运动等生命体基本特征；知道鱼用鳍运动，用鳃呼吸。

2. 能借助实物、图片、模型、语言等方式记录、描述鱼鳍的主要特点。

3. 经历和体验从整体观察到局部观察的探究过程，培养细致观察的能力。

4. 懂得在观察活动中珍爱生命，学会保护小动物。

四、教学过程

（一）谈话导入，聚焦课题

1. 师谈话：你们喜欢看动画片吗？吴老师也喜欢看动画片。昨天吴老师在看动画片的时候，看到了这样一个情景：一条小鱼被装在了一个塑料袋里，可是塑料袋有一个洞，水不断从塑料袋里流出去，很快就流光了，小鱼的生命受到威胁，还好小鱼的小伙伴把它送到了不远处的一个有水的盒子里，小鱼才脱离了危险。吴老师想问问同学们，鱼的生活离不开水，它为什么能生活在水里呢?

学生回答预设：（1）鱼能在水中游泳。（2）鱼能在水中呼吸。（3）鱼有肺，鱼有鳃，鱼有鱼鳍。

2. 师谈话：有的同学们提到了鱼能生活在水里和它的身体结构有很大关系，究竟是不是这样呢? 我们今天就一起来探究鱼身上的秘密。（板书：观察鱼）

【设计与意图】通过设计一个动画片情景，在调动学生兴趣的同时，还能调动并了解学生关于鱼已有的之前概念，同时，点明本次研究的问题。

（二）观察金鱼的身体结构

从不同角度观察金鱼的身体结构

1. 师谈话：金鱼是一种常见的鱼类。你们知道金鱼长什么样子吗?（学生说一说，说到关键的部分可以板书）老师带来了一条金鱼。你们想实际观察金鱼吗? 那可要仔细听老师的要求了。

要求：

（1）在观察时，用眼睛从正面、侧面、上面分别观察鱼的身体是什么样的。

（2）完成观察记录单，选出身体结构完整的鱼的图片，并把不完整的鱼补充完整。

（3）小鱼喜欢安静的环境，所以在观察过程中要保持安静，不要用手或其他物体触碰水和鱼。

2. 学生开展观察活动，教师巡视指导。

3. 学生汇报交流。

请学生上台，带上记录单，按照顺序汇报从不同角度看到的金鱼是什么样的，教师适当追问并补充。

（1）收拾材料。

（2）请观察特别认真的同学上台展示你所观察的金鱼结果。老师看看哪些同学听得最认真。

学生回答预设：

（1）从前面看，第一幅图没有嘴巴，第二幅图缺少了两个鱼鳍，第四幅图缺少鱼鳍。

（2）从侧面看，第一幅图没有眼睛，第二幅图缺少鱼鳃，第三幅图缺少鱼鳍。

（3）从上面看，第一幅图缺少鱼鳍，第二幅图缺少鱼鳞，第三幅图缺少鱼鳍。

（板书贴上不同角度的图片和板书出鱼身体部分的名称）

4. 师谈话：你们选择结果和这位同学的都一样吗？看来同学们观察得很细致，都选对了不同方向看到的金鱼图片。那吴老师来考考大家。

5. 提出质疑：金鱼有几个鱼鳍呢？我们一起来看一看。

根据学生选择的不同面所看到的金鱼图片，一起数金鱼有几个鱼鳍。

评价：有些小朋友观察得太细致了，数对了鱼鳍的数量，老师给你们点赞。

6. 师谈话：刚才我们都是从不同的面来观察金鱼，如果现在有一条立体的鱼，你们能还能找准鱼鳍的位置吗？老师给大家准备了立体鱼，但是它还缺少两个鱼鳍，你们能帮助它把鱼鳍粘上去吗？

7. 学生开展粘贴鱼鳍的活动。

8. 学生汇报。

问题：你把鱼鳍粘在了什么位置，为什么这样粘贴？

学生回答预设：因为两个鱼鳍是和一面对称的。

【设计意图】通过记录单的巧妙设计，指导学生全面细致地观察鱼的身体结构，并在汇报的基础上，考考学生鱼有几个鱼鳍，通过粘贴鱼鳍，发现鱼鳍有对称生长的，有单个生长的，从而帮助学生对金鱼身体结构特征有系统的认识，为下一步教学做好铺垫。

了解鱼的运动方式

1. 师谈话：有的鳍是一对一对的，有的鳍是单个的，为什么鱼要长那么多的鱼鳍呢？

2. 引导学生聚焦鱼靠鱼鳍运动。

3. 提问：鱼是怎么利用鱼鳍来运动的？请同学们观察，用你们喜欢的方式模仿鱼鳍的运动。

4. 学生观察，教师巡视指导。

5. 学生交流自己的发现。

6. 小结：鱼是靠身体的摆动以及鳍的协调作用运动的。

【设计意图】通过观察鱼的运动，并模拟运动，帮助学生了解鱼鳍的作用。

了解鱼的呼吸方式

1. 师谈话：鱼不能缺少鱼鳍。为什么金鱼不能缺少嘴巴和鳃呢？

2. 你们看见鱼的嘴巴是一张一合的吗？为什么要一张一合的呢？

学生回答预设：预设1：在喝水（一直在喝水，为什么鱼的肚子没有鼓鼓的呢？）

预设2：在呼吸。

教师介绍鱼鳃及其作用，鱼的呼吸。

3. 人靠什么呼吸？鱼又靠什么呼吸？

4. 出示鱼鳃图片，简要介绍鳃的结构和作用，

介绍鳃的作用：打开鳃盖，我们会看到很多鳃丝。鳃丝表面布满微细血管，水中的氧通过血管进入血液，进行呼吸作用。

小结：鱼在水中靠鳃呼吸。

【设计意图】通过观察鱼鳃模型，帮助学生了解鱼鳃的作用。

（三）总结和拓展

1. 师谈话：今天我们观察了小金鱼，说说你还有什么新发现，或者有了新认识？

2. 说说鱼为什么能生活在水里？

3. 总结：在生活中，同学们可以用今天学到的知识和方法去观察和研究其他种类的鱼。

【设计意图】首尾呼应，解决鱼为什么能生活在水里的问题，帮助学生巩固知识，同时课堂上的观察活动延续到课后，鼓励学生用学到的观察方法去观察更多的生物，为今后的学习打下基础。

五、板书设计

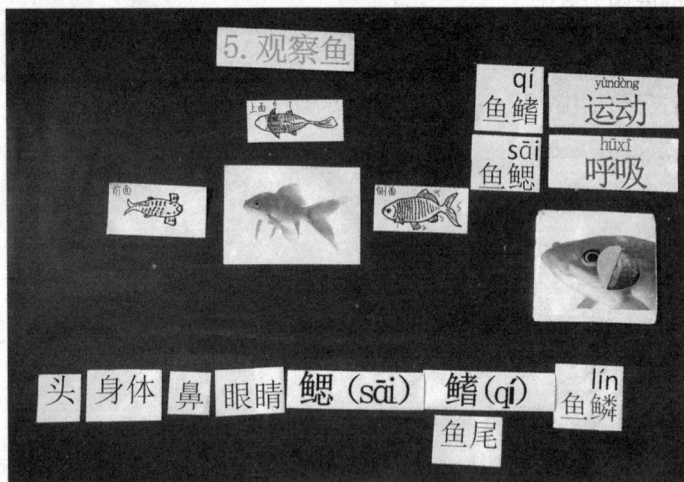

六、鱼的观察记录单

要求：选出身体结构完整的鱼的图片，并把不完整的鱼补充完整。

记录一：从前面看，第（　　　）幅图是我看到的鱼的样子。

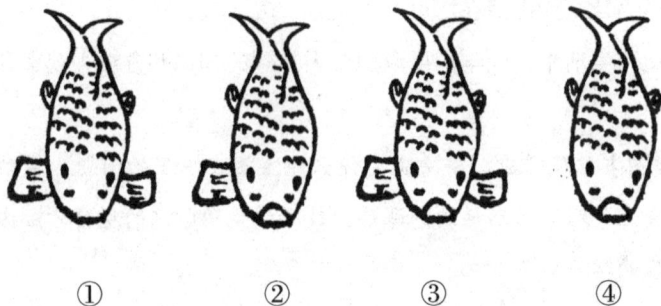

①　　　　　　②　　　　　　③　　　　　　④

记录二：从侧面看，第（ ）幅图是我看到的鱼的样子。

① ② ③ ④

记录三：从上面看，第（ ）幅图是我看到的鱼的样子。

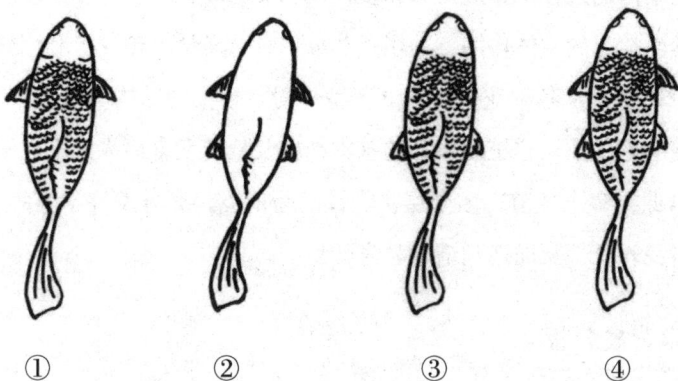

① ② ③ ④

第四节 《果实的形成》教学设计

一、指导思想与理论依据

1.指导思想

哲学辩证科学思想——联系的观点看问题。唯物辩证法认为物质世界是普遍联系的、不断运动变化的，是一个统一整体。它坚持用联系、发展和全面的观点来看问题。果实作为植物生命体的一部分，它是由花形成的也应该用联系的观点从其结构与生命本质特征相关联的视角进行研究。通过本课逐渐帮助学生建立植物体是一个整体的思想，从花到果实植物是在不断发育和发展变化的，自然界的植物是在不断发展进化（变化）的，认识到生命是发展的、是延续的，是物种延续的重要过程。

核心思想：利用联系的思想看待果实和花的结构直接的关系，从而了解果实的形成过程。

2. 理论依据

《探究式科学教育》指出要注意引导学生围绕某个核心的内容或概念做深入的观察，尽可能地用多种感官去观察，强调观察要深入和细致。

本课注重帮助儿童获得关于花蕊结构的丰富信息，并用联系的观点帮助他们更深层次地理解果实的形成过程及花的结构的深刻意义。在细致解剖、仔细观察、分析花和果实的结构的过程中，进行生命多样性和美的教育。

为突出学生学习的主体作用，运用奥苏贝尔有意义学习理论，利用概念和重要知识的上下位关系，从各种花的结构、各种传粉、果实的结构等事实性下位知识，通过探究，使学生逐渐构建植物果实的基本结构及从花发育而来的上位知识。落实建构主义，本课在多个环节、多个层次创设问题情境，充分发挥学生的主体作用，让学生进行自我教育，从而达到情感教育的目的。

二、教学背景分析

1. 教材分析

从《课标》的角度来看，本教学内容属于"生命世界"领域之生命的共同特征之生物的结构和功能及生物的繁殖中的内容。本课在教材中属于第四册《植物的花和果实》单元的第4课，这一单元前面已学习《花的结构》《各种各样的花》《果实的结构》，三年级的学生在科学课上认识了动植物的一生所要经历的主要生长过程及其变化、动物的繁殖，建立起了生命周期的概念，本册书核心概念是结构与功能。在此基础上，本单元试图帮助学生建立起繁殖的概念。本课教材要求学会解剖花，认识雌蕊、雄蕊的结构，知道花形成果实的过程，花传粉的三种方法，知道雄蕊和雌蕊与果实和种子的形成有直接关系，因而是一朵花形成果实最直接的结构。

本课的观察研究活动是从观察龙胆花开始的，分组材料选取毛地黄、百合做为观察材料，是因为这个季节取材方便，而且这三种花的构造典型、简单方便观察，都是单雌蕊且能从子房直接形成果实的。学生们在学习花的结构时一般都观察过春天的桃花或杏花，有一定的认知基础，此外，在《各种各样的花》一课中，因为通过观察认识单性花和双性花，学生对于雌雄蕊的结构也有了初步的认识，有的通过看书等途径甚至已经知道它们的各部分名称。

2. 学生情况分析

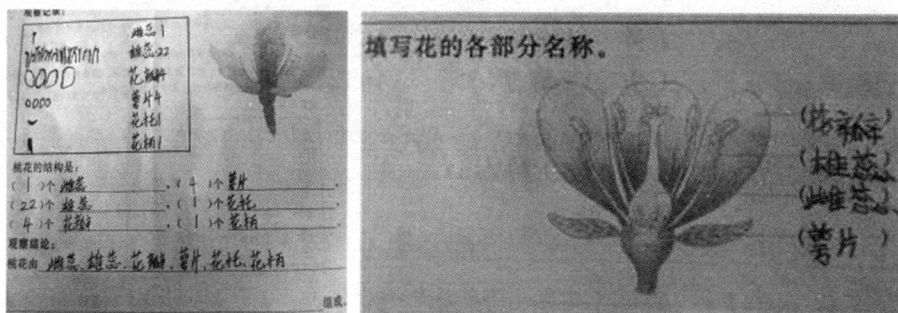

概念情况分析：学生已经学习掌握完全花的结构由花柄、花托、萼片、花瓣、雄蕊和雌蕊六部分组成，知道根据雌雄蕊把花分为单性花和双性花，知道果实的结构包括果皮和种子两部分。学生基本知道花的雌蕊和雄蕊与果实的形成有关但不知道到底是什么样的关系，有的知道雄蕊具有传粉作用，但是都没怎么关注过雌蕊是怎样形成果实，有关雌蕊内部到底会发生什么事就能长成果实，学生还不知道，也想象不出来。

能力情况分析：思维情况：四年级学生处在具体运算阶段，思维以直观思维为主，可以借助直观事物进行抽象想象。

学生解剖过桃花等花，基本掌握了解剖花的方法和技能，在研究单性花和双性花时初步观察过花的雌蕊和雄蕊，解剖过果实，掌握横切和纵切的基本方法。

在以往教学中，我们都是先研究各种花的结构，然后再直接拿出雌蕊、雄蕊讲果实的形成，学生在生活中没有关注也没有真正见过这个形成过程，孩子们对于整朵花的结构与功能的认识是割裂的，在孩子们头脑中，花就是花，果实就是果实，这是两个片段，而不能建立起动态连续的发展和变化过程。

基于此，本课教学内容将以龙胆花为例，认识龙胆、毛地黄和百合的花蕊结构，并利用有结构的材料将桃花与桃的果实建立起形成过程的联系，引导学生认识到雌蕊、雄蕊是一朵花的主要结构，与果实的形成相联系，以此建构一个认知模型，教给学生正确的认知方法。

三、教学目标

（一）教学目标

1. 科学概念

（1）联系果实的结构和花的结构知道果实的形成过程经过开花、传粉、受精和结果。

（2）通过解剖认识雄蕊和雌蕊的结构，知道它们与果实的形成有直接关系。

2. 科学探究

（1）进一步学会解剖花，重点细致观察雌蕊、雄蕊。

（2）根据花和果实的联系培养学生的推想等思维能力。

3. 情感态度价值观

（1）通过学习花形成果实的事实，培养学生用联系的观点看问题，认识生命是发展的、延续的，是物种延续的重要过程。

（2）通过细致解剖、仔细观察、分析花、果实的结构的过程中，进行生命多样性的美的教育。

（二）教学重难点

1. 教学重点

通过雄蕊和雌蕊的结构观察，联系花和果实的结构推想认识果实的形成过程。

2. 教学难点

（1）根据花和果实的联系培养学生的推想等思维能力。

（2）胚珠的观察。

（三）教学方式与教学手段说明

探究式：以观察活动为主，让学生在观察活动中建构科学概念的认识。

以有结构的材料帮学生进行模型建构：以三种单一雌蕊的花为例进行观察，以桃为例建构果实的形成过程认识。在参与和情境中进行自我教育。

（四）技术准备

放大镜，镊子，小刀，记录单，百合、毛地黄等花（花和记录单见教学过程）。

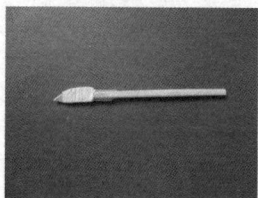  

四、教学流程

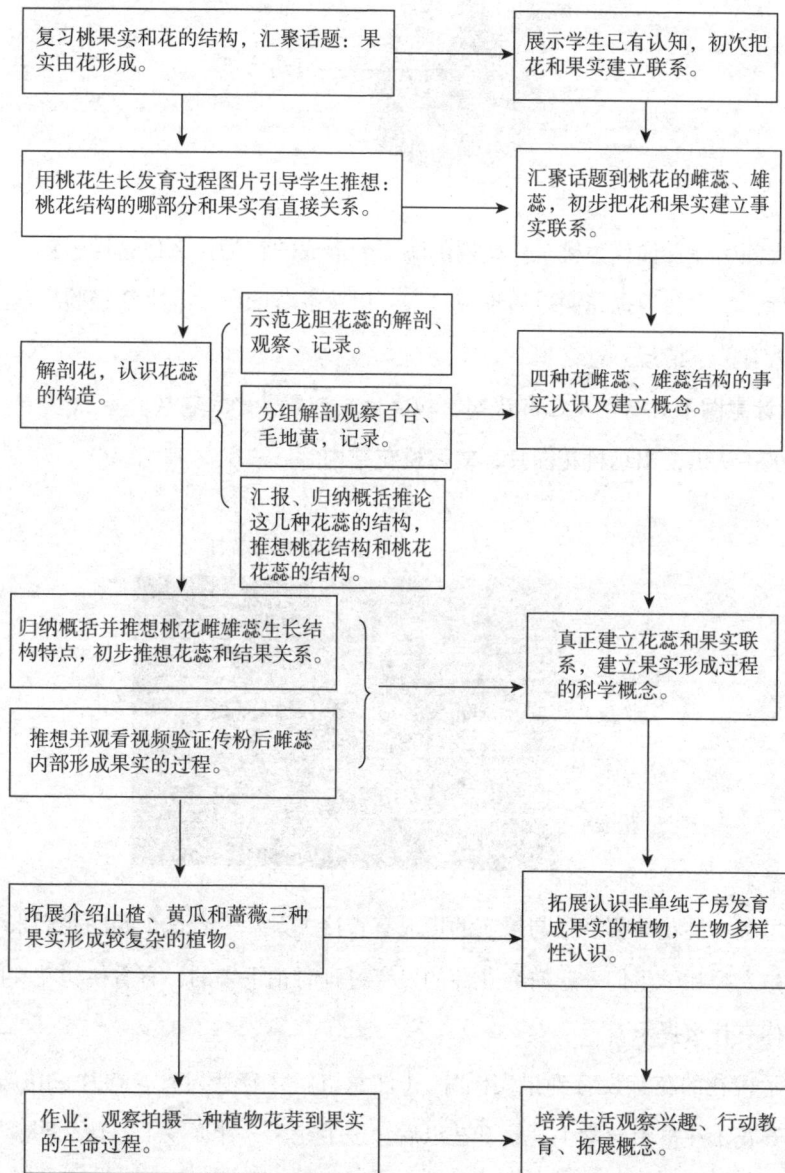

复习桃果实和花的结构，汇聚话题：果实由花形成。	→	展示学生已有认知，初次把花和果实建立联系。
用桃花生长发育过程图片引导学生推想：桃花结构的哪部分和果实有直接关系。	→	汇聚话题到桃花的雌蕊、雄蕊，初步把花和果实建立事实联系。
解剖花，认识花蕊的构造。 / 示范龙胆花蕊的解剖、观察、记录。 / 分组解剖观察百合、毛地黄，记录。 / 汇报、归纳概括推论这几种花蕊的结构，推想桃花结构和桃花花蕊的结构。	→	四种花雌蕊、雄蕊结构的事实认识及建立概念。
归纳概括并推想桃花雌雄蕊生长结构特点，初步推想花蕊和结果关系。 / 推想并观看视频验证传粉后雌蕊内部形成果实的过程。	→	真正建立花蕊和果实联系，建立果实形成过程的科学概念。
拓展介绍山楂、黄瓜和蔷薇三种果实形成较复杂的植物。	→	拓展认识非单纯子房发育成果实的植物，生物多样性认识。
作业：观察拍摄一种植物花芽到果实的生命过程。	→	培养生活观察兴趣、行动教育、拓展概念。

五、教学过程

（一）展示学生已有认知，聚焦话题

1.出示图片——桃，让学生认一认。这个桃的果实的结构都由哪些部分组成？

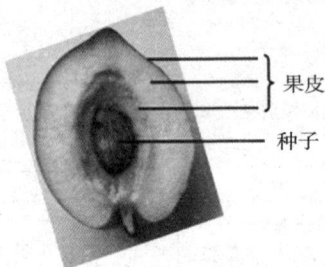

2.提问引导：你认为桃是由桃树的哪部分形成的？为什么你这样想？

预计：学生会根据花谢以后形成过程，以及上节课所学及生活经验雌蕊给雄蕊授粉二者有关系猜想。

【设计意图】展示学生已有认知，初次把花和果实建立联系。

3.统一认识，出示桃花图片，复习桃花结构。

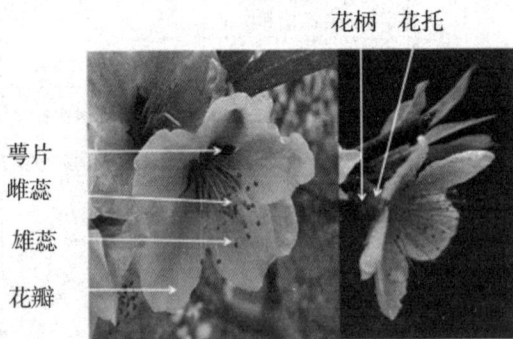

4.思考：桃花的哪部分与果实的形成有直接关系？带着这个问题我们来看一组图片，是老师和学生们一起研究花芽的发育过程时拍下来的，看看桃树花芽的发育过程对你有什么提示？

出示桃花的花芽发育到果实图片。（注意讲解：花芽发育，萼片、花瓣打开，这就是开花）注重引导学生观察开花以后，过了些天，什么没了、什么明显了，直到最后大桃子形成。

　　观察上面这几幅图片，你认为花的哪部分与果实的形成有直接关系？说出你的理由来。

　　预计：（1）雌蕊，因为雌蕊慢慢变成了桃子。

　　（2）雌蕊，雌蕊底下的那部分。教师引导观察，它是不是雌蕊的一部分呢？待会儿来好好研究那部分。

　　（3）雌蕊、雄蕊都有关系。

　　【设计意图】利用桃花芽的发育过程组成，帮助学生关注生命过程，汇聚话题到雌蕊、雄蕊，让学生在头脑中把花的结构与果实的结构真正初步建立联系。

　　5. 过渡：我们同学把焦点都聚集到了雌蕊和雄蕊，那么桃花的雄蕊、雌蕊应该有什么样的结构秘密，它才能结成这样的大桃子来呢？我们需要把花解剖，研究雄蕊、雌蕊的结构有什么秘密。

由于这个季节没有桃花了，我们先来认识几种别的花的雌蕊、雄蕊结构，应该能对我们认识桃花雌蕊、雄蕊的结构有帮助。

（二）探索与调查

1.解剖花，认识花蕊的构造

（1）教师演示介绍龙胆花，强调萼片、花瓣先放一边，把雄蕊，雌蕊黏贴在记录单上。让学生说一说龙胆雄蕊和雌蕊分别由哪几部分组成、每一部分什么样的。演示用放大镜观察，统一认识后教师演示画并进行标注。

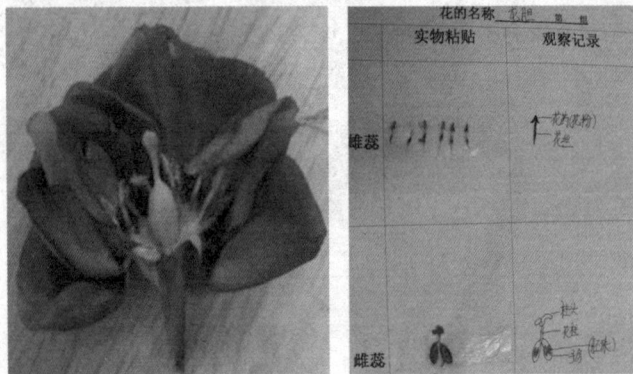

教师强调切开子房，观察子房内部的秘密。然后把看到的雄蕊、雌蕊的各部分画下来，进行科学名称标注，并让学生及时总结雄、雌蕊的组成。

小结：龙胆花的雄蕊分布在雌蕊的周围，数量多。雄蕊由花丝和花药两部分构成，花药内有花粉；雌蕊在雄蕊中间，雌蕊由子房、花柱、柱头三部分构成，子房处比较鼓；子房内有胚珠。那其他的花是否也具有这样的结构呢？我们来认一认、找一找。

【设计意图】教给学生科学的观察方法，培养学生按科学的观察顺序进行仔细观察和规范记录，在这个过程中培养学生细致的观察能力。

（2）学生分组解剖毛地黄和百合。

要求：要小心，千万不要让刀片划伤手。两个人注意分工合作，每组老师给提供两种花，两个人完成解剖一种花，完成实验记录单，注意分工：一个人解剖，一个人负责把各部分粘起来，如果花瓣聚合在一起，我们可以从一侧先撕开一条缝再把花瓣解剖下来进行仔细观察，把花瓣和萼片放托盘里，我们今天的观察重点都放在雌蕊和雄蕊上。如果子房切开也看不清里面的胚珠的话，还可以用手摸一摸，看有没有其他的发现。

学生分组活动，教师巡视指导，重点指导学生对胚珠的观察。

（3）汇报：要求用记录单，先汇报雄蕊，再汇报雌蕊，按从整体到部分的顺序汇报。先说雄蕊由几部分组成，再说每一部分分别是什么样。

百合结构汇报，预计学生会出现如下情况：

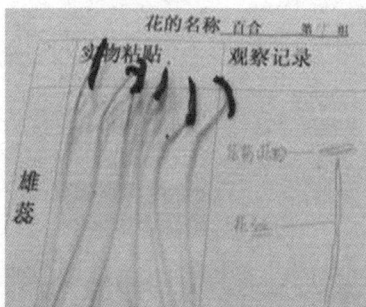

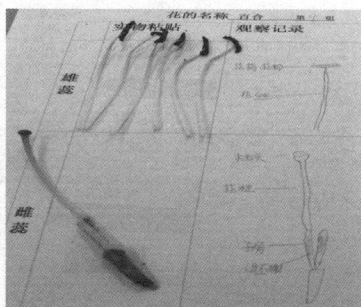

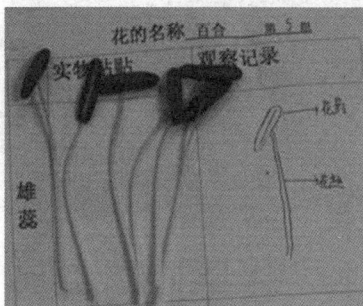

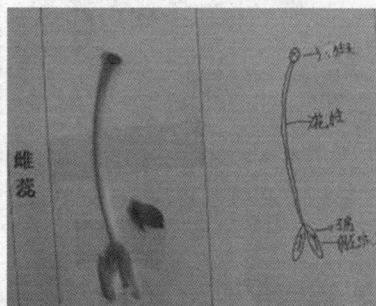

教师要提醒学生按顺序汇报，并且追问：你们是怎么发现胚珠的？

预计学生学生会说：在中间有根深绿色的细线，在细线的旁边，需要用刀子划一下再用手一摸，能发现粘了很多带点白色透明的很小的小珠子，就是胚珠。

让学生总结百合雄蕊、雌蕊的结构。

教师提示：当你摸百合的柱头时有什么感觉呢？

毛地黄的雄、雌蕊解剖观察汇报，预计学生会出现如下情况：

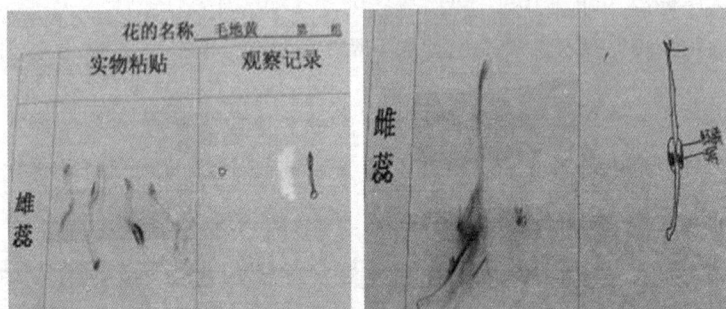

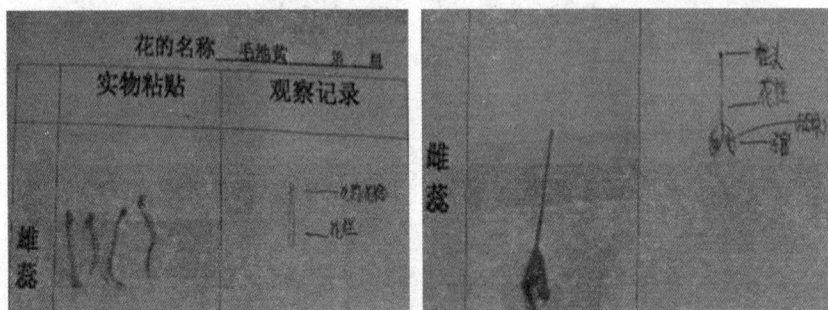

追问：毛地黄胚珠什么样？位置在哪？

预计：有孩子说中间那根旁边的像小豆子的部分是胚珠，有孩子则说是中间那根也是胚珠。

教师引导学生讨论：你们同意吗？百合的胚珠在中间的两侧，而毛地黄的胚珠也是在它的两侧，包括龙胆的胚珠也是在两侧，中间的这根叫什么呢？它叫胎座。

【设计意图】统一学生认识，帮学生解决观察认识难点——胚珠，并且在这个过程中培养学生对花蕊进行细致认真的观察，有联系地观察看问题，培养学生探究生命内部结构奥秘的兴趣。

（4）观察思考：通过解剖观察，你发现这些花的雌蕊有什么相同的结构？它们的雄蕊有什么相同的结构？

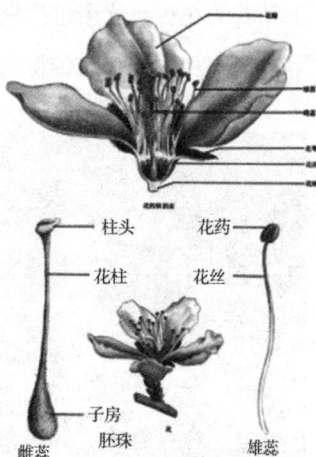

预计学生都能答出：这些花的雄蕊都由花药和花丝两部分组成，花药里都有花粉；雌蕊里都有柱头、花柱和子房三部分组成，子房里有胚珠。

【设计意图】通过事物间的事实性联系，指导学生归纳和认识典型单雌蕊花花蕊的结构。

（5）指导推想：我们这个季节看不到桃花，我们怎样知道它具有什么样的结构呢？它的花蕊是否也具有这样的结构呢？

学生认同结构后，出示桃花图，明确桃花的结构。

小结：桃花也有这样的结构，只不过样子不同。把它的样子画下来。

教师板画桃花的花蕊结构并对结构进行标注。

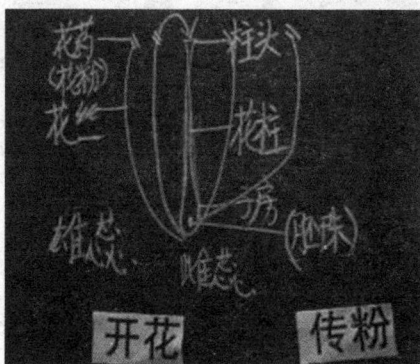

引导思考推想：雄蕊这样的结构与形成果实有什么关系？雌蕊这样的结构呢？

预计：学生能答出雄蕊这样的结构能更好地给雌蕊传播花粉，因为雄蕊的花粉落到雌蕊的柱头上就能结果。

2. 教师演示传粉：试一试：用棉签粘取一些雄蕊的花粉，对准并慢慢接触雌蕊的柱头，刚才老师让你摸柱头的时候你有什么发现？（黏黏的）演示让学生看到雌蕊上粘着的花粉，这个过程就是人工授粉。

出示图片，了解花传粉的两种方式：虫媒花和风媒花植物介绍。

教师介绍：除了小蜜蜂，还有很多小昆虫、小鸟、小动物都可以帮助植物传粉，这样的花一般颜色鲜艳，气味芳香，我们叫它们虫媒花。还有一些没有鲜艳的花瓣的，但是花粉很多、又很轻的可以靠风传粉，我们叫它们风媒花。

【设计意图】通过传粉事实，帮学生建立雌蕊和雄蕊的事实性联系。

引导学生思考：雌蕊在这里又有什么用呢？（结果）

追问：当花粉落到柱头上之后，雌蕊里又会发生什么事呢？请你试着想一想。

预计：（1）当花粉落到柱头上，子房膨大变成果实。

（2）当花粉落到柱头上，先到子房胚珠。

教师统一认识，出示录像进行介绍《桃子果实的形成》。

指导学生认识雌蕊在受精后内部所发生的变化。

教师指导学生试着想一想：当花粉落到柱头之后，雌蕊里又会发生什么事？

这个过程在花的内部，是我们肉眼看不到的，因此也很难想象出来。

动画播放：受精。

谁能说说这个过程，思考和我们的想象一样吗？

小结：花粉落到雌蕊柱头上之后，向下萌发出花粉管，到达子房里的胚珠，释放出精子，精子和胚珠里的物质（卵子）相结合，这个过程就叫作受精，子房在受精之后逐渐膨大形成果实，胚珠逐渐发育成种子。

强调：子房壁膨大形成什么？（果皮）胚珠形成种子，它们合在一起形成果实，进行板书完善。指定一名学生完整地说一说桃果实的形成过程。

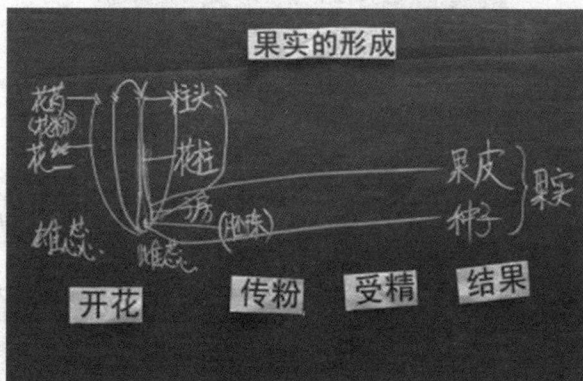

【设计意图】解开内部秘密，把花的结构真正与果实的形成建立起联系来真正解开果实形成的过程。

（三）拓展

1.出示山楂花发育的图片，推想：它是由哪部分形成的果实呢？

指导学生观察：花谢以后哪部分突出来了？仔细看是子房吗？

2. 小黄瓜是由哪部分形成的呢？（黄瓜的果实是由子房和花托发育而成的）

3. 雌蕊比较多的蔷薇花，它有很多的雌蕊，那它就有很多的什么呢？指导学生

观察很多雌蕊里面有好多胚珠。

小结：绿色开花植物的果实都是由花形成的，它经历了这样几个美妙的生命历程。大自然的造化特别奇妙，花和果实的外观不同，但是形成果实的原理却是相同的，我们如果用心去观察，你会发现很多意想不到的秘密。

【设计意图】再次回到生活中与学生贴近的植物，把更多植物花的发育与果实的形成建立联系，拓展学生视野，让学生认识到生命发育的多样性。

（四）作业：像老师一样拍摄一种或几种植物的花到果实的完整一生。

【设计意图】联系生活实际，拓展学生的研究兴趣，让学生更多地去关注生命的变化过程，把利用联系的观点看问题的方法应用到生活中。

六、学习效果评价设计

1.记录单和课后作业评价单评价学习过程。

目的：评价学生的实验操作能力、细致的观察能力及认真记录的态度。

优秀	良好	合格
记录单评价		
记录单上花雌蕊和雄蕊的结构粘贴完整、有序，画图实事求是，标注清楚，尤其是胚珠的标注正确，完整	记录单上花雌蕊和雄蕊的结构粘贴完整、有序，画图实事求是，标注清楚，正确，基本完整	记录单上花雌蕊和雄蕊的结构粘贴不够完整、有序，虽能画图，但标注不够清楚、正确，胚珠没找着，没画出来
课后作业评价		
能拍下清晰、完整、详细的过程	能坚持拍摄一个过程	不能完成作业

2.课后评价：叙述桃的果实形成过程。

（1）桃花的结构和果实的形成有直接关系的是（　　）和（　　）。雄蕊给雌蕊提供（　　），（　　）落到雌蕊的（　　）上，萌发产生（　　），向下延伸到达子房里的（　　），释放出（　　），和胚珠里的卵结合，这就叫作受精，受精以后子房壁膨大形成（　　），胚珠形成（　　）。

（2）果实的形成经历为（　　）、（　　）、（　　）、（　　）四个阶段。

七、教学反思

（一）本节课的收获

1.多种材料层层筛选、改进，选定典型材料为载体，进行有联系的生命教育。

由于录课的时间是在5月中旬，早春的典型——桃花等已经没了，我走遍了花卉市场，植物园，尝试了几十种花的解剖观察。既要选择花朵稍大、结构典型明显、单雌蕊的，又要选择子房壁能发育成果皮的结构典型的花。最后发现：郁金香是非常典型的材料，花朵够大，但是花朵已经进入尾声了，花朵一碰就掉落，学生不能有完整的认识，特别遗憾。

小番茄的花朵结构典型符合要求，但是发现雄蕊的上面也有点细尖，花丝区分不明显，在两次试讲后被放弃了，但是这个过程也有收获。最后发现，刚摘下来的小番茄花没几个小时就脱水蔫了，不能使用了，后来利用保鲜袋里面要含空气（保持花朵形状）系紧口，放在冰箱的保温室里，放个两三天都没问题，这是鲜花保鲜的一种方法。

后来采用矮牵牛的花，矮牵牛花朵大小合适，子房里面有一个小胚珠正好能看见，但是在实验中发现矮牵牛的雄蕊和雌蕊头颜色太接近，花丝和花柱都特细，孩子在操作中很容易断掉，第一次观察的孩子就不容易区分了，因此最后也就被否定了。

路边的韭菜莲正在盛开，我偷偷摘了一些解剖后发现结构特别鲜明，也是子房里只有一个胚珠的，太棒了！可是，当我回家到网上一查，发现韭菜莲属于百合纲、百合亚纲、百合目，又担心它们太近了，又给自己否定了。

兜兜转转，在植物园里找到了毛地黄，经过解剖观察，发现它可以使用，正好花卉市场里就有卖的，实在太不容易了！

到此，我选用了3种解剖的花：龙胆、毛地黄和百合。百合花朵特别大，漂亮，结构突出，但是在试讲中反复找它的胚珠总觉得很难，后来发现小胚珠特别小而透明，在子房里根本看不到，只有偶尔摸的时候才能粘到手指上找到它。为了能方便孩子准确找到胚珠，我反复解剖寻找，终于在用小刀子划的过程中发现，百合的胚珠都围绕着中间一圈多的深绿色的细线（胎座），但是纵切只露出一条线的面积不好找，于是在指导学生观察的过程中我都进来用刀子轻轻划一下它们的位置，再让学生用手指摸和找。功夫下在课前，材料的选择尽可能理想化，达成我的教育目标。

自制解剖小刀的使用也突出了教师对学生的关爱，教师自购了手术刀片后，在同组教师的帮助下，用一次性筷子做刀把，用胶带缠好固定在一起，试讲中发现刀片还是太长容易伤到孩子的手，因此我又把刀片都缠好了，只留一个小尖尖，这样既方便操作又很好地保护了学生的小手，这么精巧的小刀子拿在学生手里，孩子们也能体验到老师对自己的关爱。

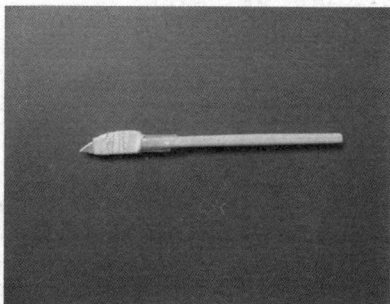

2.关注思维的培养，层层搭建脚手架帮学生建构科学概念。

在教师的问题串和图片、解剖活动等层层脚手架的帮助下，我们能看到学生的思维不断发展。一系列问题串的设计创设了问题情境，不断引导学生思维深入，概念建构，并在其中体验多彩生命（1.你认为桃由桃树的哪部分形成？2.观察一组桃树花芽的生长发育过程，你认为花的哪部分与果实的形成有直接关系？3.桃花的雄蕊、雌蕊应该有什么样的结构秘密，它才能结成这样的大桃子来呢？4.雄蕊这样的结构与形成果实有什么关系？雌蕊这样的结构呢？5.当花粉落到柱头之后在雌蕊里又会发生什么事？6.山楂、小黄瓜又是由花的哪部分形成的呢？蔷薇花，它有很多的雌蕊，那它就有很多的什么呢？）

（二）失误与问题发现

在试讲中，在龙胆的雌蕊子房解剖过程中都没问题，但是在最后一遍录制过程中，为了让学生明确地看到雌蕊的柱头形态，我选了一朵盛开过的龙胆花，结果在正式讲的过程中，发现以前结构分明的胚珠都已经融合在一起而不是明显的一个一个的了，用镊子一夹就全部碎掉了，这是本节课让我最遗憾的地方（我的龙胆花都是鲜花店里买来的整束的，应该还是连盆买活的效果好）。

但是我也发现，如果在植株上，盛开后的花解剖开来胚珠已经开始发育，解剖观察找胚珠效果要比刚开始开放的花效果好得多，例如，桃花就要找能结果的桃而不能找小区里的欣赏桃花，而田里长果的桃花也要选择开得大的、颜色深的那样的花。

关于生命的材料选择更要细心，避免各个方面的影响。

八、评析

生命世界充满了神奇，一朵不知名的小野花、一条毛茸茸的小虫子对孩子们的吸引力是毋庸置疑的，这必将引来很多的惊呼与驻足。毫无疑问，作为科学启蒙教育工作者，对儿童的这份好奇之心一定要细心呵护。但是对一门课程而言，我们的目标不仅要如此。

从终生教育与可持续发展的观点看，我们希望学生经过对生命世界的学习，最终能产生这样的认识：世界上的所有生物都不是独立存在的，无论是一个生命个体自身还是生物之间，都是一个对立与统一的整体，都是相互联系的，是不断发展变化的，并在这个发展变化过程中不断延续新的个体，以使得生命一代代繁衍下去。假如未来的公民们的大脑具有这种意识，那么才使得关爱生命、保护生态和维持平衡等意识有可能真正内化，并为他们生活中的一些道德准则的稳固建立提供强有力的支撑。

让我们来看看《果实的形成》一课的教学教师对于这一长远目标的实现做了哪些努力。

（一）关注联系、关注发展、形成整体认识

每个生命个体都是一个整体，它生命历程的各个阶段都是相互联系的。

本课教学的显性目标是引领学生对果实的形成形成普遍性的认知。老师并没有将这个生命过程的研究按照传粉—受精—形成果实的思路进行教学，而是从对花蕊的解剖观察开始，将花的繁殖器官和果实的结构建立了直接的联系，从而使得学生认识到一棵植株的花与果实这两个生命阶段是有着很深联系的。

生命个体之间、生命群落之间不是孤立存在的，是对立与统一的整体。

在这节课中，此观点的形成萌芽突出体现在关于传粉方法的教学，教师引领学生重点对人工授粉和动物传粉进行了了解。人工授粉体现的是人类对生命世界的能动改造，隐含的是帮助我们将人类也加入到生命世界中去考虑，同样也是一个有着联系的整体，只是人类在这个整体中具有更积极的能动作用。而动物传粉则体现的是植物和动物之间的相互依存的关系，它们既是对立的又是统一的。

我们应该对生命持有正确的情感。

儿童本身是一个生命的个体，当他们深入到对其他生命个体的探究时，必然会产生情感上的波动，甚至会产生一些情感的火花。本课教学过程中，学生看到一朵朵鲜花时的惊艳，解剖雌蕊时的小心翼翼，看到动物也被植物"利用"的惊奇等都是一种情感的波动，而在这种波动的强烈刺激下，学生必将拥有深刻的记忆。而这些回忆对于学生产生对生命的尊重与关爱的情感是有帮助的，甚至我们可以想象，在将来的某一刻，这对他们面对一些生命需要做出抉择时，这份情感的记忆可能会起到重要的作用。

（二）关注过程、关注方法、形成情感共鸣

学生在学习中会有不同的经历，每种经历都会产生不同的感受；用不同的方法做事情也会得到不同的结果，使得认识产生变化。

生命教育的德育价值是潜在的、发自内心的，它属于隐性的教育内容。它的有效达成在于受教育者怎样接受，取决于他们成长、发展的内在需要，以及对于这些需要的认可、理解和转化。

因此，生命教育中的德育信息的输出，应融于学生喜欢的活动之中，尽可能以

137

自然的方式，将实践活动的物质环境、人文氛围和精神面貌自然地融合，逐渐揭示教育的内涵。

在本课教学过程中，教师利用一系列有着内在逻辑关系的问题串创设了问题解决的教学情境，随着一个个问题的解决，各研究也相互间深入，同时也将生命教育中的德育元素逐渐渗透与内化形成。这些问题串具体是：1. 你认为桃由桃树的哪部分形成？2. 观察一组桃树花芽的生长发育过程，你认为花的哪部分与果实的形成有直接关系？3. 桃花的雄蕊、雌蕊应该有什么样的结构秘密，它才能结成这样的大桃子来呢？4. 雄蕊这样的结构与形成果实有什么关系？雌蕊这样的结构呢？5. 当花粉落到柱头之后在雌蕊里又会发生什么事？6. 山楂、小黄瓜又是由花的哪部分形成的呢？蔷薇花，它有很多的雌蕊，那它就有很多的什么呢？

长远目标的达成需要长期的、更多的、有意识的科学活动的支撑，可谓任重而道远，但是如果我们能像这节课这样，在进行科学概念的教学过程中，主动兼顾更长远目标的实施，必将为儿童成长为合格的未来公民打下良好的基础。

第三章

地球与宇宙科学领域

第一部分 理论概述

地球与宇宙科学是小学科学课程内容之一，它包含三条主要概念。本领域内容是小学生认识大自然的基础，是小学生科学素养不可或缺的组成部分。准确理解和把握课程标准中本领域课程内容的学科本体价值和教育教学价值，有利于提高教学质量和培养学生科学素养。

第一节 小学科学生命科学领域学科本体价值分析

1.认识地球内部及其表层环境，探索宇宙空间的奥秘，是人类千百年来孜孜以求的目标。

人类生存的家园——地球，它是宇宙中一颗普通的天体。地球由固体地球及其外层空间组成。固体地球（内部）由地心至地表，包括地核、地幔和地壳三个圈层，它们构成地球的内部圈层。地球外部由大气圈、水圈、生物圈等圈层组成，构成地球的外部圈层。在地球内部圈层与外部圈层交界处形成了特殊的土壤圈，这里就是人类最主要的活动场所。

在人类千百年来的探索中，人类社会对于地球和宇宙（地球以外的外层空间）的认识已经取得巨大进步。例如，世界上最深的地质钻孔已达到地球内部12千米，太空探测器也已经可以遨游太阳系的外层空间，但是，仍然有许多问题尚未找到答案。随着人类社会的不断进步，我们对它们的研究有着更加广阔的发展前景。

2.地球与宇宙科学的研究，对于人类合理地开发利用空间资源和自然资源，正确认识人类与环境的关系，具有重要的理论意义和实践意义。

在理论上，地球与宇宙科学承担着揭示整个地球及宇宙空间的形成、演变规律的科学使命。当代自然科学的一些重大的基本理论问题（如天体的起源、生命的起源等）的最终解决都离不开地球与宇宙科学的研究。

在实践中，宇宙科学促进人类更加全面地认识日地空间环境、开发太阳系资源，以及和平利用宇宙资源等。而地球科学在推动人类开发和利用自然资源及维护自然生态系统平衡等方面发挥着巨大作用。

当前，人类社会面临着一系列全球性的资源与环境问题，如淡水资源缺乏、能源短缺，以及大气污染、水体污染、水土流失和土地荒漠化等。这些问题严重威胁着人类社会的可持续发展。在这种形势下，加强人地关系的研究，促进人口、资源、环境的协调发展，成为地球与宇宙科学的重要研究课题。

3. 地球与宇宙科学的研究方法既是本学科自身发展的重要内容，又可以为其他自然科学领域的发展拓展空间。

地球与宇宙科学以庞大的地球及宇宙空间作为研究对象，其中的自然现象、事物和规律具有时间和空间的复杂性，这决定了地球与宇宙科学的研究方法既有与其他自然科学领域共同的方面，又有其自身的特殊性。例如，地球与宇宙科学的研究必须运用综合分析和系统分析的方法，坚持定性描述与定量分析紧密结合，坚持野外调查、实地观测和科学实验相互补充，积极利用地理信息系统（GIS）、全球定位系统（GPS）和遥感技术（RS）等现代研究技术与手段。

经过实践的发展，地球与宇宙科学的研究方法已经日益成为自然科学发展中的重要组成部分，学习并掌握地球与宇宙科学的研究方法，既是研究地球与宇宙科学的必然要求，又可以为研究其他自然科学领域奠定基础、拓展空间。

第二节　小学科学物质科学领域学科教育价值分析

1. 加强宇宙科学教育，有利于激发学生探索科学的欲望。

宇宙科学以神秘的宇宙作为研究对象，永远是激发人类好奇心和挑战人类想象力的重要源泉，是一门适合培养学生对自然和科学产生兴趣的学科。当前，城市环境使许多人失去了经常观测星空的机会，但是天文望远镜、照相技术、计算机和空间技术弥补了这一缺憾，能够为人们揭示比以往更多的宇宙奥秘，生动的影视作品也使宇宙科学的教学变得更容易了。

宇宙科学的教育，可以引导学生走进神秘的宇宙，帮助学生了解宇宙的科学概况；观察太阳、月球和星星等天体的运动变化，可以锻炼学生持久观察的能力和毅力；了解人类探索宇宙奥秘的历程，可以帮助学生认识科学进步和人类智慧的潜力。这些过程无疑是点燃学生求知欲、探索欲的重要途径。

2.学习地球知识，对于培养学生的科学素养具有重要意义。

地球和宇宙科学作为研究固体地球、地球表层空间和外层空间的一门科学，既有其自身的知识体系，也包含着许多与物质科学、生命科学、技术科学等其他学科交叉的内容。同样，在小学科学课程中，要使学生形成一幅完整的地球画面，不仅需要学习地球和宇宙本身的知识，而且要引用物质科学、生命科学、技术与工程等学科的知识。例如，让学生们用探究的方法研究地球组成物质（大气、水、生物、土壤和岩石）的性质及其相互之间的联系，需要学生把宏观层面的水、空气的属性（如水域、水体和大气层等地球科学）与微观层面的水、空气的性质（物质科学）的学习结合起来；需要把对土壤、岩石等物质性质的认识与生物生长（生命科学）、地壳运动（地质科学）、环境演变（环境科学）等学科内容的学习结合起来。

可以说，地球与宇宙科学领域的一些内容承载着连接物质科学、生命科学、技术与工程内容的任务，学习本领域的内容，对于全面培养学生的科学素养具有重要意义。

3.学习地球与宇宙科学，有助于引导学生初步形成人地协调的可持续发展观。

20世纪中叶以来，全球环境的持续恶化促进了可持续发展教育的发展。随着当前我国对资源问题、环境问题的重视，小学科学课程在可持续发展教育中的载体作用越来越明显。而地球与宇宙科学的内容正是发挥这一载体作用的重要"载体"。

学习地球与宇宙科学，能够帮助学生科学地认知和解释一些自然现象，初步建立科学的宇宙观和自然观；能够使学生在了解地球物质的基础上，意识到地球物质的价值和保护它们的重要性；能够使学生从小就关注社区、国家和全球的资源、能源与环境问题，获得人与自然和谐相处所需的知识、方法与能力，培养对待自然和环境友善的情感、态度和价值观。这是科学课程的重要任务，也是可持续发展教育需求的使然。

第二部分 教学实践

第一节 《地壳运动》教学设计

一、指导思想与理论依据

英国的乔治·萨顿认为，一旦让学生理解科学的起源和发展，科学就会显示出它的人性，而且极富人性。学习自然科学发展的历史，学生可以更好地理解、评价、欣赏科学事业，激发探索科学的热情、勇气与欲望。他在《科学的生命——文明史论集》中有这样一段充满激情的语句："英雄们一砖一瓦地建造了科学大厦，他们经受多少痛苦和斗争，表现出多大的坚韧不拔？这些事情，如果青年们知道得更多一些，不是将以更大的勇气和热忱工作吗？不是将对科学怀有更深的尊敬吗？不是会更加渴望进行某些不谋私利的研究工作吗？或者，至少，如果他们看到科学事业在接踵而来的困难中完成、并曾分享欢乐与陶醉，不是会更好地评价全部科学事业的伟大与壮丽吗？"

模型方法是在科学研究中，对客观对象进行了一定的观察实验和所获得的科学事实进行初步的概括后，常常利用想象、抽象和类比等方法建立一个适当的模型来反映替代客观对象，并通过研究这个模型来揭示客观对象的形态、特征和本质。

基于以上指导思想和理论，我设计了组织学生"重走"科学家的研究道路，"经历"学说、理论的发现过程，来建立地壳运动的模型。在这些过程中学生像科学家那样思考、思辨，使思维得到发展。对地壳运动三大学说的了解是基础与媒介，我更希望学生的科学精神和对科学本质的认识得到发展。

二、教学背景分析

《地壳的运动》是首师大版《科学》六年级第七册《地球的运动》单元中的第1

课，本课在课标中属于"地球与宇宙——地球运动与所引起的变化——地球运动与地表变化——了解地球表面是在不断变化的"中的内容。

在四年级时，学生们学习过了《地球》一课，对于地表与地球的内部结构有了初步的认识。在此基础上，本课引领学生研究地球内部运动引起的地壳运动，同时也为后面学生学习《地震和火山》和《地表的变化》打下基础。

由于地球与宇宙领域涉及的内容大多是宏观的（特别是关于地球运动方面），结论大多不能通过直接的观察而得到，更多的是通过间接证据（图片、文本和视频等）利用想象与推理建立模型而获得认知，本课关于地壳运动的三大学说的了解即是如此。另外，关于地球与宇宙相关内容的学习过程，我们应该更多的关注两点：一是关注人类对地球与宇宙的探索历史，以此着重对学生科学精神和科学态度进行培养；二是帮助学生建立空间与运动的模型，为学生将来的天体研究打下基础。

知识储备

通过四年级《地球》一课的学习，学生对于地球表面大致情况和地球内部的层状构造与组成有了一定的认知，这些内容都是本课学习的重要基础。

能力基础

六年级学生已具备了一定的对于各种资料所承载信息的获取、加工、分析能力，他们的思维能力已经由具体思维向抽象思维逐渐过渡，初步具有了抽象思维能力，可以学习进行初步的科学推理。它们的认知能力与语言水平都得到了发展，并开始乐于争论或者辩论问题。

认知特点

六年级学生可以通过对相关信息进行自我的分析整理，通过初步的逻辑思维建立简单模型，来获得认知、解释客观现象。

概念水平情况

为了了解学生已有知识的掌握情况，我对一个班的学生进行了前测。

前测内容

1. 你知道地球的内部结构是什么吗？地壳下面有什么？

2. 世界上最高的喜马拉雅山脉是如何形成的？

3. 北京的山上为什么会出现海洋生物化石？

调查结果示例，如下图所示。

前测题

你知道地球内部结构吗？地壳下面有什么？

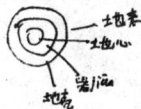

答：地壳、地幔、地核。
答：地幔。

世界上最高的喜马拉雅山脉是如何形成？

答：累积形成

北京的山上为什么会出现古海洋生物化石？

答：古代有过海洋生物。

前测题

你知道地球内部结构吗？地壳下面有什么？

地表
地心
地壳
岩浆

世界上最高的喜马拉雅山脉是如何形成？

有可能是地壳运动几亿年前从高原撞挤冲击而成

北京的山上为什么会出现古海洋生物化石？

可能远古时期北京是一片海洋。

前测情况分析

通过对全班37名同学的前测，我发现以下几个结论。

1. 原本在四年级学习过的地球结构知识，大多数都记得三个圈层，但存在遗漏。

2. 关于喜马拉雅山升高的问题，全班能够了解这是地壳运动的结果的同学有10名，同学能够提到是因为板块挤压造成的，但认识混乱。部分学生认识不正确，有的认为是海水流动形成，有的认为是积雪形成等。

3. 对于北京的山上为什么会出现海洋生物化石的问题，70%孩子能推想那里以前可能是海洋。

三、教学目标

（一）教学目标

1. 通过对地壳运动三大学说的了解，认识到地壳是在不断地运动的，地壳的运动导致地球表面海陆分布的变化及地表形态的变化。

2. 本课教学，学生对资料信息的获取与分析能力、猜想与推理能力将得到锻炼与发展。

3. 学生大胆想象、坚持不懈、尊重证据等科学精神将得到培养，对科学发展的本质将得到一定体会（科学发现是在不断地提出证实与不断地被否定的交替过程中向前发展的）。

（二）教学重难点

1. 重点：在对大陆漂移、海底扩张和板块构造三大学说的研究活动中，初步认识地壳是在不断运动变化的。

2. 难点：使学生的科学精神得到发展、对科学发展的本质认识等得到启蒙。

四、教学过程

（一）介绍关键人物，树立典型，激发研究兴趣

讲述：有这样一位伟大的科学家（出示魏格纳图），你们认识他吗？他大胆想象，提出了一个令人惊奇的学说，他执着探索的精神得到了很多人的尊重，他就是——魏格纳。今天的科学课我们先来了解一下他的故事。

【设计意图】教师富有感情倾向的介绍，使孩子对科学家的敬仰之情得到感染，对后续大陆漂移学说的认知兴趣得到激发。

（二）了解地壳运动的三大学说，认识地壳运动的事实

魏格纳与大陆漂移学说

1. 讲故事：1910年的一天，年轻的德国气象学家魏格纳生病躺在床上，他饶有兴趣地注视着挂在墙上的世界地图，突然他的脑子闪过一个想法。他有了一个什么想法呢？我们也来观察一下世界地图试一试。

2. 出示世界地图，引导学生观察。

（1）学生指认地图上的七块大陆和四大洋。

（2）引导学生对大陆边缘的轮廓进行观察。

教学策略： 如果学生不能有所发现，则引领学生对南美洲与非洲的边缘轮廓进行重点观察。

3. 小组拼图游戏——尝试将各块大陆的边缘进行拼接。

【设计意图】指导学生观察大陆轮廓特点，进而发现它们之间边缘轮廓的关系，进行模拟拼合，像魏格纳一样经历一次发现和大胆猜想的过程，培养学生的创新思维。

4. 寻找证据，认识魏格纳及大陆漂移学说。

（1）过渡：按你们的说法，如今远隔大洋，相离万里的大陆以前是合在一起的，你们这个大胆的猜想太让我震惊了！我迫不及待地想向全世界发布你们的发现，这样行吗？为什么？

预计：A.不行，需要证据；B.不行，早就有科学家魏格纳发现了。

教学策略： 如果选A则追问什么样的证据、什么时代的证据，启迪学生思考需要远古时代的化石等证据。如果选B则向下介绍魏格纳及其学说。

（2）认识魏格纳及其学说。

①讲述：大家的想法和魏格纳的想法不谋而合，在他之前人们都认为大地是不动的，怎么才能证明自己的观点呢？那得需要证据，什么样的证据？（动植物化石……）

魏格纳在经过充分的调查研究和分析之后提出了"大陆漂移说"。魏格纳为了寻找证据在各个大陆尤其是大西洋两岸进行了大量艰苦的考察，让我们沿着魏格纳的道路去寻找他都发现了哪些证据。

【设计意图】强调一种科学结论的得出需要充足证据的支持，培养学生搜集证据的意识。

②阅读资料寻找证据。

阅读要求：仔细阅读，把资料转化成证据后讲给同组同学听，学会互相分享，那样我们就有了更多的证据。

汇报要求：先说你找到了什么证据，然后对照彩图把你的证据讲给大家听，讲得不清楚的别人可以补充；听的同学注意倾听，因为很多资料不同，我们要学会认真学习和分享。

预计学生汇报：

舌羊齿化石分布在南美、非洲、澳大利亚大陆、印度等地的晚古生代地层中，不同年代的古老地层好比撕碎了的一张报纸，拼合以后的印刷文字和行列也一一对应。

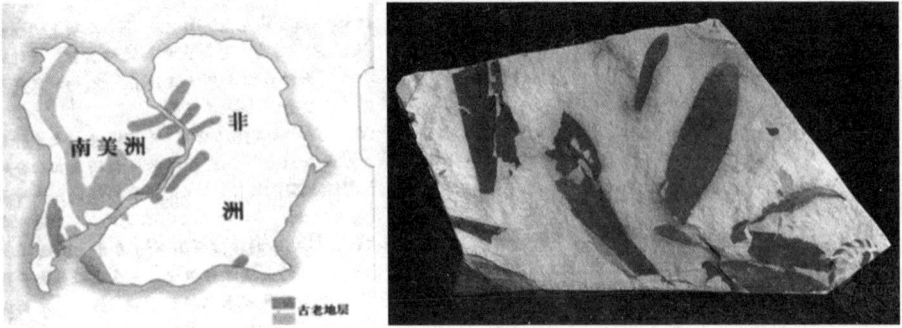

古代冰川的分布如下。

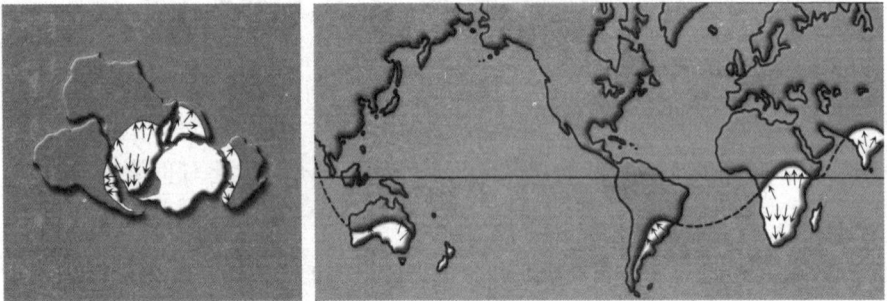

生活在淡水中的中龙化石出现在南美和非洲南部。

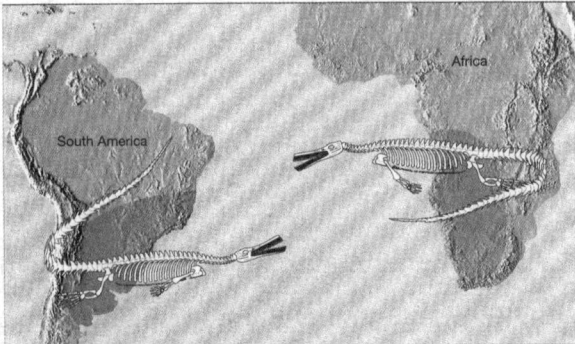

Figure 18.4 Fossils of *Mesosaurus* have been found on both sides of the South Atlantic and nowhere else in the world. Fossil remains of this and other organisms on the continents of Africa and South America appear to link these landmasses during the late Paleozoic and early Mesozoic eras.

【设计意图】使学生学会分析资料中的信息，进而转化为证据，并进行交流，培养学生搜集证据的意识。

汇总：我们从哪些方面找到了证据证明大陆漂移？

PPT总结：大陆地形

　　　　　动植物化石

　　　　　大陆轮廓

　　　　　古气候变化痕迹

【设计意图】让学生认识到魏格纳工作条件的艰苦，怎样搜集及搜集什么样的资料，从而获得比较充分的证据，初步学会搜集证据的能力。

③引导学生猜想大陆漂移的动力。

预计：学生可能会猜想：动力来自引力、地形、震动、在海水上漂移等。

教学策略：教师尊重学生想法，不予表态，在后面的认识活动中逐渐帮学生建立比较科学的认识。

④讲解：魏格纳大陆漂移学说认为陆地在固体上漂移，认为是海水潮汐力量、日月引力使得大陆漂移，物理学家经过计算大陆密度与体积，发现它们的力量远远不够，这是大陆漂移学说最主要的弱点，它也有进步性，但是当时人们认为大陆是固定不动的，他们认为在这些大陆有陆桥（像桥一样狭窄的陆地）把大陆连接起来，动物通过陆桥到达另外的大陆；后来这些"桥"沉没消失了，各大陆被大洋完全分隔开来。

引导学生尝试提出质疑这种说法的问题。

预计：学生可能说：植物不会跑，都有桥怎么那么巧合。

【设计意图】通过质疑活动，激发学生思考，讲解大陆漂移学说的弱点和进步性，培养学生善于质疑、大胆思辨的科学精神。

哈里赫斯与海底扩张学说

1. 过渡语：因为大陆漂移学说的弱点，当时人们对他并不承认，甚至有人说他是疯子，但是他并没有放弃，继续进行考察，他用了二十年去完成刚刚我们看到的那些资料里的结论，他的足迹遍布大西洋两岸、北美、南美、非洲……最后他在格陵兰岛考察时出了意外，不幸去世。他是带着遗憾离开这个世界的，因为他没有完成自己的意愿……后来随着科学技术的发展，一个科学家去考察大西洋海底的秘密，对大陆漂移学说的建立起到了非常重要的作用。

【设计意图】几分钟与二十年对比，教师娓娓道来的讲解，让学生体验到科学家考察时付出的辛苦与努力，被科学家那种追求真理的坚持精神打动，并且知道两大学说是有着一定联系的。

人类到底在大西洋底发现了什么秘密？它可能与大陆漂移学说有什么样的关系？

2. 出示大西洋、太平洋底地形和立体海底模型图。

【设计意图】通过观察洋底的地形，认识海岭、海沟、大陆架、大陆坡、洋盆等地形，为海底扩张的学习打下基础。

3. 引导学生观察讨论。

海底是什么样子的？详细介绍海岭、海盆、海沟。

观察图形，你觉得海岭中间像什么？是怎么形成的？

你觉得，这些海底的地形又是怎样形成的呢？

预计：这里的观察分析有一定难度，因为距离学生比较远，学生是第一次接触。

策略：讨论的重点是海底火山喷发的位置，进而分析海底扩张的形成原因。

4. 引导学生分析出火山喷发形成岩浆，冷却形成海岭，不断喷发使得海底扩张，从而推动陆地移动这一过程。

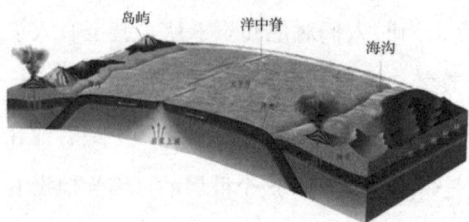

【设计意图】直观图片引导学生们逐步观察分析，认识海底地形，通过分析引导发现，推想海底扩张的力量。

5. 录像证据——播放《海底火山

150

喷发录像》。

6.指导推想：如果海岭这个地方经常有火山喷发，那就说明海岭下面有什么存在？（岩浆）教师则适时出示软流层等资料信息（如图出示），完善学生的认识。

7.小结：美国赫斯等人经过反复调查和研究，提出了海底扩张学说，这个学说为大陆漂移学说解决了什么问题？

（海底扩张是动力证明，软流层的存在解决了在什么上面漂移的问题）

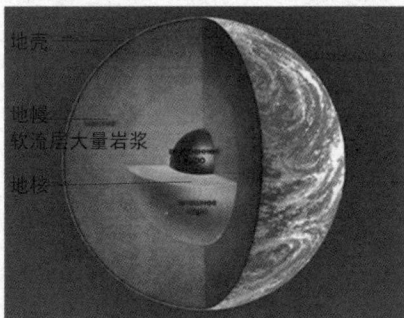

【设计意图】直观图片和恰当的讲解帮学生确认推想，从而认识解决大陆漂移学说非常重要的另外一个问题——在什么上面漂移，同时学习科学家的科学严谨精神，追求真理精神。

勒皮雄和板块构造学说

1.出示图片，引导学生观察。

讲解：基于海底扩张认识逐步深入，人们发现大洋底的海岭、海沟等将地壳分割成为了很多的块，这些块被称为板块。法国科学家勒皮雄首次把全球地壳分为六大板块。

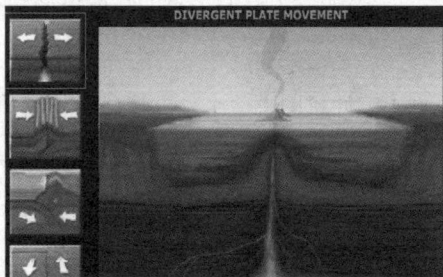

2.教师讲解图上箭头的含义。

我们可以发现，板块之间也是相互运动的。

3.模拟实验——用两本书模拟两块海洋板块、两块陆地板块、一块海洋、一块陆地板块互相运动，让学生推想运动的结果。

151

4.动画出示讲解验证。

碰撞的结果：大陆板块与大陆板块碰撞（隆起形成山脉）；大陆板块与大洋板块碰撞（形成海岸山脉、海沟）；板块分开（在海洋形成海岭）。

5.录像播放《日本地震造成地壳移动》。

6.讨论：喜马拉雅山脉位于哪几个版块的交界处？推想它是怎样形成的？

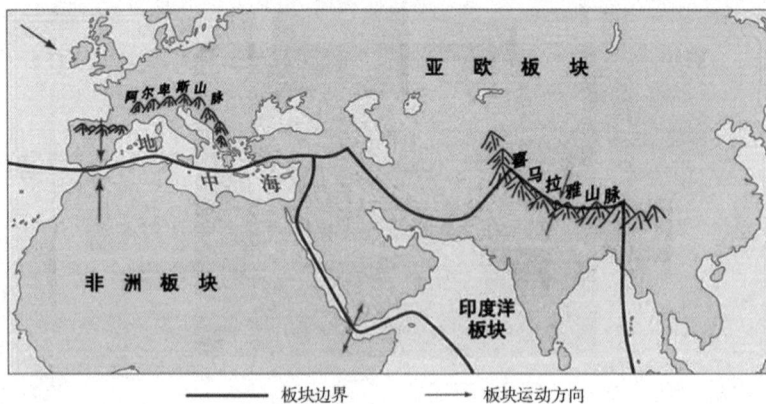

———— 板块边界　　　——→ 板块运动方向

青藏高原是由于印度洋板块与亚欧板块的碰撞运动而形成的。而位于青藏高原的喜马拉雅山每年都在以大约10毫米左右的速度升高着。

（三）课后延伸

1.按照今天我们学习的陆地运动知识，你能想象三四亿年以后的陆地是什么样子吗？

【设计意图】学生发散思维，继续推想地壳的运动。

2.出示现在一些学者对于地壳运动的不同观点——地球膨胀，海底找到中生代煤……否认了海底扩张学说。

3.讲解什么是科学学说，鼓励学生大胆质疑、获得证据，勇于提出自己观点，做小科学家。

【设计意图】鼓励孩子尊重证据，善于思考，敢于大胆质疑，认识科学的发展历程和科学的本质，培养求真求实的科学精神。

五、板书设计

哈里赫斯
海底扩张

魏格纳
大陆漂移

地壳
地幔
地核
层大
量岩
浆

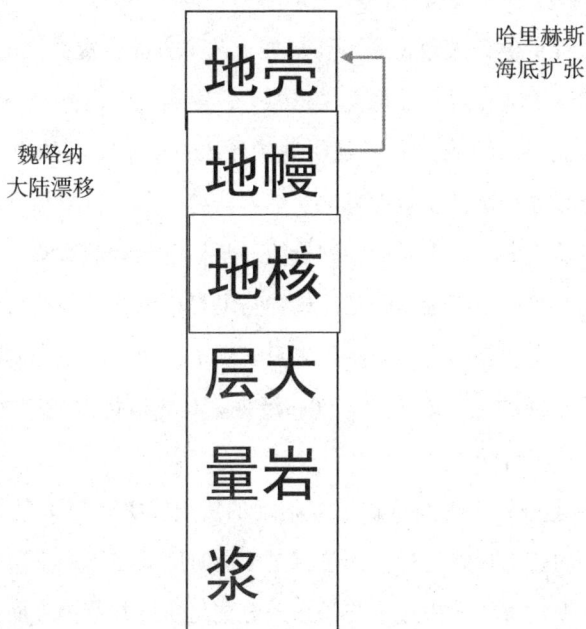

六、学习效果评价设计

（一）课堂上的学习效果评价

1. 课堂对各种形式资料的信息收集与分析情况的表现，反映在学生的发言情况。教师对发言进行课堂评价，捕捉学生的思维发展和科学精神的火花。

2. 对模拟体验实验情况及分析推理的评价，了解学生的实验技能水平与实验分析能力水平。

（二）课后评价，评测学生的知识掌握程度

用前测题再次评价学生，发现几乎100%的学生知道地壳运动在地幔层上，动力来自火山喷发；87%的学生能比较正确地解答，说明学生能够理解三大理论，并能应用它去解释科学现象。

七、教学反思

（一）深入挖掘自然科学发展史中的教育价值

科学史的教育价值，大致说来主要有如下几个方面：提高人的政治思想觉悟，如爱国主义、集体主义和辩证唯物主义思想等；影响人的道德素养和个性，如无私奉献的精神、百折不挠的意志、顽强拼搏的作风、追求真理的勇气、敏锐的洞察力、求知的好奇心等；培养创造性思维。笔者认为，自然科学教育应打破历史事实的硬壳，展现科学历史事实内在的精神价值，凸显自然科学对整个人类精神领域的巨大影响，展现自然科学所蕴涵的理性精神与求真意识、批判精神与创新意识及公平精神与宽容意识。萨顿认为，学生如果只学到了科学发展史中的事实，而丢掉了精神实质，这比单纯的无知更令人生气和沮丧。对此他批评说："他们细心收集了全部外壳，而丢掉了种子。"

本课研究主题是关于人类认识地壳运动的历史。关于三大学说的教学我不以了解三大学说的内容为最终目标，而是将更多的时间放在组织学生"重走"研究之路、体验搜集证据过程、分析进步与问题、尊重与质疑并行等方面。这样的教学组织，学生的科学精神（实事求是、追求真理、百折不挠、大胆想象、敢于创新、善于质疑等）的培养才有可能得到落实；学生对科学发展（科学上的每个发现都蕴含着巨大的精神魅力，都是在质疑中提出、在质疑中发展的）的认识才有可能提高。小学阶段是一段非常难得的经历，它的教育价值需要我们进一步去开发。

（二）在科学史的学习过程中注重学生思维的发展

六年级学生思维发展需要借助大量直观形象的信息支撑，因此，教师在课件中采用了很多的图片，利用拼图游戏使学生自己发现大陆是可以拼合的，利用各种彩图让学生进行科学阅读获取资料转化成证据，利用大量图片引导学生观察认识海底扩张学说，运用两段新闻录像帮学生找到证据证实海底扩张学说与板块构造理论，因此，本课大量多形式的资料成为了学生思维发展的基础。大陆漂移学说适合让孩子主动去发现和经历，因此我在教学中设计让他们自己阅读并将获得的知识变成证据。而海底扩张学说和板块构造学说离学生较远，就需要教师通过彩图讲解和引导分析，帮学生建立认识，这是根据学生的思维特点进行设计的。最后，学生能够成功利用板块图分析喜马拉雅山脉形成的原因，这就说明学生的认识已经达成了。

第二节 《各种各样的天气》教学设计

人类在漫长的历史岁月中，其生活与环境变化息息相关，密不可分。人类在与生存环境的斗争中，逐渐适应不同的天气及气候环境，并渐渐学会了使用工具，这是人类发展历史上一个伟大的进步，因为他们已经不再依靠特定的环境，而是具有了初步适应自然、改造自然的能力。由此在课堂上向学生渗透"当今的人类生活是积极适应和改造自然而获得的结果"这个观念。

在《各种各样的天气》中，学生通过探究的方法，了解天气现象，了解天气和人类生活、动物、植物生活生存的关系，获得人与自然和谐相处所需要的知识、方法与能力，初步建立科学的宇宙观和自然观。这是科学课程的重要任务，也是可持续发展教育的需求。

一、指导思想与理论依据

（一）指导思想

"了解地球环境特点并对地球环境进行能动地适应与改造"，帮助学生逐渐形成这样的认识有助于达成对于科学学科核心素养中，科学态度与责任感的培养。

天气及其变化是地球环境的重要组成部分。我们可以引领学生在对天气现象的探究过程中，了解它们的特点，并锻炼学生描述能力，表达与交流能力，更为重要的是帮助学生形成关注天气变化和人类及动植物生活关系的意识，学会适应环境，逐渐形成热爱自然、保护环境的责任感。

（二）理论依据

《2017年小学科学课程标准》明确指出：小学科学课程的总目标是培养学生的科学素养……学生通过科学课程的学习，了解科学、技术、社会和环境的关系，具有创新意识、保护环境的意识和社会责任感。

小学科学课程是一门实践性课程。小学科学课程把探究活动作为学生学习科学的重要方式，强调从学生熟悉的日常生活出发，通过学生亲身经历动手动脑等实践活动，了解科学探究的具体方法和技能，理解基本的科学知识，发现和提出在生活实际中的简单科学问题，并尝试用科学方法和科学知识予以解决，在实践中体验和积累认知世界的经验，提高科学能力，培养科学态度，学习与同伴进行交流、交往与合作。

《小学科学课程标准解读》对于"地球与宇宙科学"领域的内容，指出大气、水、土壤、岩石、生物等物质要素的运动变化使地球形成了不同的地理环境，并影响着人类活动。因此，对于地球与宇宙科学的学习目标必然延伸到人类活动，这样也体现了学习的实用价值。

二、教学背景分析

1.教学内容分析

（1）在课标中的位置

本课的学习内容属于地球与宇宙科学领域，涉及的学习内容有：地球被一层大气圈包围着，知道有阴、晴、雨、雪、风等天气现象。描述天气变化对植物和人类生活的影响。

（2）在教材中的位置

本课属于教科版科学，二年级上册，第一单元第五课《各种各样的天气》。本单元学习的主题是"我们的地球家园"，前四课分别从地球整体、土壤、太阳、月亮四个角度对地球上可观测的物质和天体进行了研究。本课将继续从大气圈方面进行研究，地球上的所有植物、动物包括人类，都受到地球自然现象的影响，并为后面不同的季节学习做铺垫。

（3）对教材内容的调整

教材中本课分为3部分，第一部分谈话聚焦"天气有哪些变化"。第二部分探索各种各样的天气，并讨论如何区分不同天气。第三部分研讨天气对我们生活的影响，以及对动、植物的影响。我将本课聚焦方式改为天气预报背景音乐导入，这样就大大联系学生生活。我认为用研讨的方式研究天气对人类及动植物生活的影响，还不够充分，不能充分锻炼学生表达与交流能力，而且不符合二年级学生直观形象思维的特点。所以添加了学生表演天气的环节，这样设计的目的是，结合学生实际，把已有的与天气相关经验，用表演的方式表现出来，学生这样做可以充分了解天气现象对人类生活和动植物的影响，并训练学生的表达与描述能力。

2. 学生情况分析

本人采用访谈法，对学生关于天气现象的了解，以及生命和环境的了解现状进行了调查。下面对学生知识储备、能力水平等方面分析如下。

（1）学生对天气现象的了解情况调查分析

统计发现，83%的学生都能说出三种不同的天气现象。除了下雨、下雪、阴天、晴天这四种常见天气以外，被提到最多的就是龙卷风、冰雹等特殊天气。只有10%的学生提到了雨和大雨。这就说明学生对常见天气有一定的了解，但是对降雨量和云量的分级概念了解较少。

（2）学生对生命和环境关系的了解情况调查分析

40%的学生知道在下雨前，燕子会低飞，蚂蚁会搬家。天气对植物的影响，学生知道的很少。学生对于天气对人类的影响关注较少，对于人类适应环境、改造环境的认识较弱。所以在学生表演环节，教师应有意识地引导学生关注在不同天气下人们的行为变化。

3. 教学方式与手段

（1）方式：通过讲解，带领学生对各种各样的天气进行分类。通过小组讨论及剧本创作，引导学生关注天气和人类的关系。

（2）手段：使用多媒体向学生展示各种各样的天气图片，为学生表演活动提供丰富的道具。

4. 技术准备

（1）教师使用材料：天气预报相关音视频、天气相关图片、班级记录单。

（2）学生分组表演材料：云朵、雨滴、雪花、闪电、燕子、蚂蚁、雨鞋、雨伞、帽子和手套等。

三、教学目标

（一）教学目标

1. 科学知识目标

通过本课学习，学生会知道天气是各种各样的，是可以变化的，变化的天气对人类及动植物的生活会产生影响。

2.科学探究目标

（1）学生将初步对各种各样的天气现象进行分类。

（2）学生能用自己的语言来描述阴、晴、雨、雪、风等天气的特点与区别。

（3）学生会通过语言和表演的方式描述天气变化对动植物和人类生活的影响。

3.科学态度目标

（1）帮助学生形成关注自然现象、乐于研究自然的兴趣。

（2）学生愿意倾听，乐于表达。

4.科学、技术、社会与环境目标

通过本课教学，学生初步体会天气变化和人、动植物之间是有联系的，知道环境可以影响人类，人类要学会适应环境。

（二）教学重难点

教学重点：通过本课学习，使学生知道天气是各种各样的，是可以变化的，变化的天气对人类及动植物的生活会产生影响。

教学难点：通过表演活动，引导学生关注天气对动植物及人类生活的影响。

四、教学流程

教学环节	主要内容	师生活动	意图	指导思想的呈现
天气是一种地球现象	联系学生生活聚焦主题	大胆想象 坚持不懈 尊重证据	地壳运动	勒皮雄 板块构造
了解天气现象	知道天气是多种多样的	听音乐猜出处	聚焦话题	教师播放音乐 学生猜出处
感受天气对人类生活的影响	体会天气对人类及动植物生活的影响	梳理天气名词并分类	了解天气	教师出示图片 学生说名称并分类
形成意识和责任	知识得以概括，观念得以初步形成	表演天气现象	表演天气	教师示范表演 学生分组表演

五、教学过程

（一）天气预报背景音乐导入，聚焦话题，激发学生学习兴趣

1.创设情境：老师给大家播放一段音乐，请你们认真听，这个音乐在什么情况下会出现。

2.师生谈话：播报天气预报的时候。

【设计意图】天气预报的背景音乐来自于生活，是非常经典的一首音乐，且音乐感染力强，可更快地聚焦主题，激发学生学习兴趣。

（二）看图片识天气，引领学生认识各种各样的天气，积累科学词汇，提升学生比较分类能力

1.熟悉天气预报，初识天气词汇，暴露学生已知。

（1）教师讲述：我们来看一段天气预报，请你一定要认真听，找一找，哪些是描述天气的词语。

（2）全班讨论：你还知道哪些天气吗?

【设计意图】学生可以说出一些天气名称，但是不能明确天气的特征，先让学生说出所有他们知道的天气名称，为接下来的看图片识天气做铺垫。

2.通过图片认识天气，积累科学词汇。

（1）过渡语：大家知道这么多天气，老师想知道你们是不是真的认识它们。咱们来一个"天气名称大比拼"，我出示图片，你来猜是什么天气，看看谁是"天气小达人"。

（2）出示图片：把学生说出的天气词语整理到黑板上。

【设计意图】学生可能会分不清雨量、雪量及云量的情况，教师可采用对比法，将三张图片放在一起，就可以区分出小雨、中雨、大雨及小雪、中雪和大雪。

159

关于云量，教师可以讲解：云很少或者无云叫作晴天，云很多但并没有铺满天空叫作多云，云铺满天空叫作阴天。通过多张图片，知道天气是多种多样的，每一类天气根据不同的水量或者云量有不同的名称，为后面分类打下基础。

1. 根据天气特点分类，提升学生比较分类的能力。

（1）谈话：我们认识了这么多天气现象，它们有相同之处，也有不同之处，你们能根据它们的特点，把他们分分类吗?

预设：学生可以把雨分一类，雪分一类，风分一类，但是对于晴天、多云、阴天可能不知道怎么总结。教师可以提示三种天气的不同点是云的多少。雨和雪也都是属于降水范畴，可以分为一类。

（2）总结：根据他们的特点，科学家把他们分成了几大类，分别是：云量家族、风量家族、降水家族和温度家族。

【设计意图】学生在认识了很多天气后，对天气有了很多零散的认识，通过分类促使他们思考天气中相关联的部分，训练学生的归纳分类能力，形成各种各样的天气概念。

（三）组织学生表演在生活中不同天气人们的行为活动，引领学生关注人类及动植物的活动受到的天气的影响

1. 过渡语：在不同的天气中，人们的生活、表现一样吗? 接下来，看看你们能

不能把不同天气中人们的表现演出来。老师给大家提供道具，你们可以选择其中的几种进行表演。

2. 教师示范

老师这里有一个剧本，我请几个同学跟我一起表演。

剧本：旁白：今天真冷呀，还有点阴天。

　　　出场：云朵（演员1）

　　　旁白：哇，下雪了！

　　　出场：雪花（演员2）

　　　旁白：下雪真美，不过司机同志们就要注意了，一定要慢行。

　　　出场：司机开车（演员3）

教学策略： 示范法，教师先表明了天气——阴天，然后表演了天气的变化，开始下雪。最后用司机行驶表示天气对人们生活的影响，司机需要打开雨刷器并且慢行，以此来保证在雪天中的安全驾驶。通过简短的情景剧给学生做一个示范，提示学生多关注天气给人们带来的影响。

3. 明确要求

第一步：你们先商量演什么天气下的活动，可以是一种，也可以是两种。

第二步：你们要想想，怎么演，才能让看到的人一下子就知道你们演的是什么。

第三步：你要自己想想需要什么道具，谁负责什么角色。

4. 小组讨论

预设：二年级学生年龄较小，容易受其他因素影响，忘记讨论要素，教师需要小组巡视，多次提问："你们准备怎么表演天气情况。"

5. 分组排练

打开教师准备的工具箱，选择自己需要的道具进行排练。

预设：学生对道具的关注度可能会超过排练的关注度，教师可以提醒学生："这个道具很别致，你们准备怎么用呢？"提醒学生关注天气给人们带来的影响。

教学策略：教师巡视，如果很多组选择的道具重复，可以提示学生："这个道具是什么意思呢，可以帮助你们完成什么表演呢？"

6. 成果展示

组织学生回到座位，只留下展示组在教室中间准备。

教学策略：学生会表演的情景可能如下。

情景1：下雨了，过一会儿天晴了，太阳出来了。教师帮助学生总结：他们表演出天气是可以变化的。

情景2：下雪的时候戴帽子戴手套，下雨的时候打伞、穿雨鞋。教师帮助学生总结：天气影响了我们的生活，人们想用帽子、手套、雨鞋、雨伞来渡过雪天和雨天，这就是人们改造生活的表现。

情景3：下雨之前，蚂蚁会搬家，燕子会低飞。教师帮助学生总结：天气影响了小动物的生活，它们通过去更高的地方居住，通过低飞捕食来度过雨天。

情景4：植物干枯了，但是在雨后，植物喝足了水，叶子舒展开了。教师帮助学生总结：天气影响了植物的生活，植物需要依靠大自然生活。

【设计意图】学生通过表演，锻炼了自己的描述能力、表达与交流能力，挖掘天气是可以变化的，挖掘天气给动植物及人类生活的影响，要关注天气和人类生活的关系，提醒学生我们是通过保暖来抵御寒冷，通过制作防水的鞋来雨中行走等方式来学会适应环境的，进而使学生逐渐树立热爱自然、保护环境的责任感。

（四）带领学生总结天气是各种各样的，可以分类，可以变化，影响人类及动植物的生活，知识得以概括和深化

1. 教师总结

我们今天认识了这么多的天气（多），它们可以分成一个家族一个家族的（分类），在大家表演的过程中，我们还发现，天气影响了小动物的生活，影响了植物的生活，影响了人们的生活。

2. 板书回顾

【设计意图】使学生更牢固地掌握好本课的内容，落到天气对动植物及人类生

活的影响上，使学生认识到学习的知识是和日常生活息息相关的。

六、板书设计

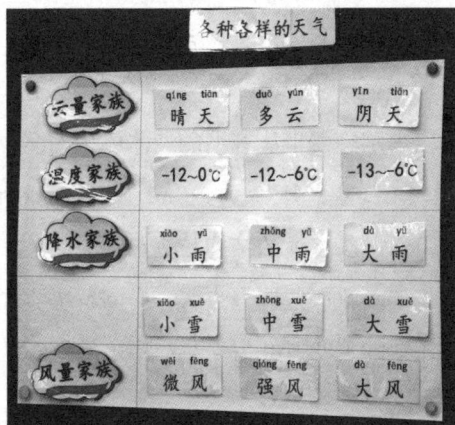

七、学习效果评价设计

在本课学生学习了各种各样的天气，教师引导学生在表演中，关注天气对动植物及人类生活的影响，所以学完本课后对生命与环境的关系效果进行评价。

优秀	良好	合格
在表演中，主动关注各种天气下人类的生活和动植物的生活	在表演中，关注天气对人类、动物、植物其中一方面的影响	在老师的指导下，能关注到天气对人类、动物、植物其中一种影响

八、教学反思

人类对地球环境中天气这一现象进行了充分的适应和改造。不仅是人类，蚂蚁也在适应环境、改变自身。当学生下次遇到新的生物时，虽然不认识它，但是我希望他们知道生物都会适应环境和改变自身。当他们想要了解这个生物的时候，不是盲目地猜测，而是在前期概念支撑下去做新的研究。这就是学生应该具备的核心素养，这是适应未来生活的关键能力，仅仅通过这一节课是远远不够的，我想在以后的课堂中，继续渗透这种观念，使我们的学生逐渐成为合格的社会公民。

第三节 《用水量的调查》教学案例

一、教学目标

教学目标：

1.初步了解容积可以表示容器里能容纳的液体体积的多少，并知道容积的单位有升和毫升，"升"写作"L"，"毫升"写作"mL"，1L=1000mL。

2.初步了解手动型节水龙头水嘴的结构与节水功能的关系。

3.初步树立调查意识，了解一些调查方法，提高解决实际问题的能力。

4.认识地球水资源短缺的现状，并树立节约用水的意识。

教学重点：

了解容积的意义与单位。

了解节水水嘴的结构。

教学难点：通过体验与模拟研究节水水嘴的结构特点及其结构与功能的联系。

二、教学过程

活动一：观察空饮料瓶，了解瓶子标签中的容积数量，认识容积的意义与单位。

1.创设情境谈话。

看看这节科学课老师给你们带来了什么？

喜欢喝饮料吗？有人告诉我对青少年最好的饮料是什么吗？

用过的饮料瓶洗干净可以装凉白开，我想知道瓶子里装了多少水，有什么好方法吗？

2.小组观察饮料瓶标签上的净含量值，并将容积写在黑板上。

3.引领学生认识毫升的读写。

4.让学生观察10mL、95mL、200mL、300mL、500mL空瓶容积，进一步认识容积的含义。

5.指定学生观察1000mL（1L）瓶子，认识1升的读写及1升水是多少。

活动二：节水洗手，观察节水水嘴的结构，初步思考节水水嘴的节水原理。

1.过渡谈话。

在刚才观察用过的饮料瓶时，我们的手可能弄脏了，我们需要洗洗手，你们会洗手吗？

2.指定学生演示洗手，教师配合用1升水来洗手，估算洗手用水量。

3.调查一个班级和整个学校学生一天洗手的用水量，产生用水研究的欲望。

活动三：解决少用水洗手的问题，介入节水水嘴的观察与研究。

1.过渡谈话。

如果我们每个小组只用330mL水可以把手都洗干净吗？

2.小组讨论解决问题。

3.出示节水龙头，引领学生观察思考。

4.小组用改装后的水瓶洗手，感受节水水嘴洗手的变化。

5.讨论：

在刚才洗手的时候，你观察到小孔里出来的水有什么特点吗？这样做有什么好处？

6.讲述：北京市政府发放节水龙头。

活动四：了解地球水资源现状，调查节水与浪费水的事例，形成节水意识。

1.过渡谈话。

为什么我们要节约用水呢？

2.教师以缩小比例形式用实物展示地球总水量与可直接利用的淡水资源量的对比。

3.调查谈话：

在校园里、家里、社会上有浪费水的现象吗？

在校园里、家里、社会上有哪些节约用水的好方法？

4.保护实验室环境，处理擦手纸和洗手水。

三、板书设计

10. 水的多少和节约用水

1升=1000毫升 　　　　　手动节水龙头

1 L =1000mL 　　　　　……

第四节 《谁先迎来黎明》教学设计

一、教学理念

科学教育要回归学生的生活世界和寻求个人理解的知识建构。因而必须建立起知识与人之间的一种整体的意义关联，使之对个人的成长和发展产生意义。科学教育不再视知识为确定的、独立于认知者的一个目标，而是视其为一种探索的行动或创造的过程。

因此，在科学课当中应该尽可能地利用学生已有经验，帮助他们通过体验活动补充完善头脑中已有的知识经验，建立完整的知识体系。

二、教材分析

《谁先迎来黎明》一课是教育科学出版社五年级下册第四单元第4课，这个单元主要是让学生经历人类对地球运动的探究过程，学习基于可观察到的现象和事实，运用相对运动、参照物、模拟再现等原理和方法进行推理、论证，不断地利用已知探究未知，最终认识地球运动（自转和公转）的模式。

在本单元的前三课《昼夜交替现象》《人类认识地球及其运动的历史》和《证明地球在自转》已经使学生认识到地球在自转，并且初步认识到日地之间的相对圆周运动产生昼夜交替现象。

《谁先迎来黎明》就是承接在这三课之后，通过教学活动使学生知道地球的自转方向及其对不同地区的影响，并使学生了解探究这类问题的一种方法和思路，使他们能更加主动和积极地参与后面的探究活动，为本单元后续研究奠定基础。

三、教学目标

（一）教学目标

根据学生的认知规律和课标的要求，确定如下教学目标。

1. 科学概念

（1）学生通过参与各种体验活动，认识到地球自转的方向是自西向东或逆时针。

（2）学生通过对地球自转方向的了解，认识到地球的自转方向使得不同地区迎来黎明的时间不同，东边早西边晚。

2. 过程与方法

学生通过参与相对运动的体验活动，丰富感知，根据已积累的经验，运用推理、判断、模拟实验等方法，初步理解相对运动，并尝试解释太阳等天体的运动，进而推导出地球自转方向。

3. 情感态度与价值观

学生通过相对运动的体验活动，初步知道因参照物的不同，对物体的运动需要从多角度去认识，并且认识到地球的运动虽无法直接观察到，但是通过模拟实验、推理等方法仍可以证实。

在讨论、推理的过程中，学生能条理清晰地阐述事实与观点，学会倾听、尊重不同的观点。

（二）教学重难点

1. 教学重点

学生通过参与相对运动有关的体验活动，推理、认识地球自转方向，并在此基础上尝试解释相关自然现象。

2. 教学难点

如何帮助学生初步认识相对运动。

四、教学准备

通过板书、课件引导学生思考，在探究过程中，准备4种实验用具，帮助学生解决问题。

实验准备：

给每组学生准备：地球仪（1个）、手电筒（1个）、滑板（1个）、转椅（1个）

给全班同学准备：幻灯片（全班在讨论时提示核心问题）；视频资料（关于地球自转方向、时差）；第一阶段活动汇总表格。

教学设计思路：根据以上阐述，结合本课教学内容，教学设计如下所示。

教学设计思路

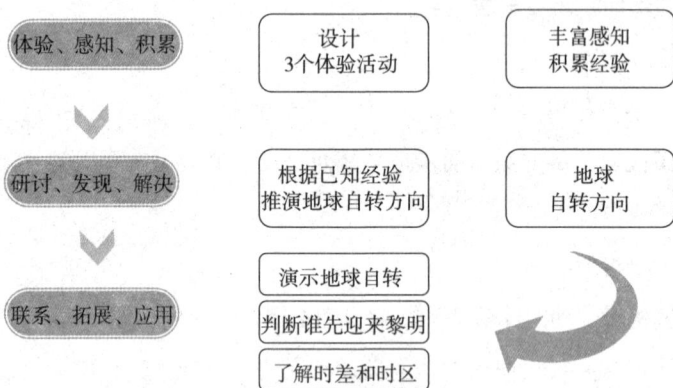

本课教学主要由三个阶段组成，关于各个阶段的实施策略，将在教学过程设计中具体阐述。

五、教学过程

第一阶段：体验活动，丰富感知，积累经验。（预计10分钟）

教学地点：可在室外进行

【设计意图】在这里，通过实践后的反思，我强调的重点是从自然的和社会的现象中享受科学并获得经验，学生通过参与多种的体验活动，可以积累能够反映这个过程的具体经验。而恰恰与地球自转方向相关的研究必须借助学生的与相对运动相关的经验，因此，首先组织学生进行一定量的体验活动就成为了必须做的事。

1.活动设计

活动用具：

学生准备：滑板、转椅。

教师准备：活动汇总表格。

组织学生完成以下活动：

（1）跑动、跳跃，观察周围景物。

（2）滑板运动，观察周围景物。

（3）坐转椅旋转，观察周围景物。

思考：

你做的是什么运动？

运动方向是什么？

你在运动时"看"到周围的物体是什么样的？

【设计意图】在这里有层次地设计三个不同的活动，从学生自身的运动到与车一起运动，再到坐转椅进行圆周运动，使学生能够在不同的运动中感受和比较所观察到的景物变化，积累更丰富的经验。

2.教师指导策略

在活动后，引导学生交流总结，并把学生的汇报单书写在表格中。

你做了什么运动	运动方向	在运动时看到的周围景物变化

活动效果预设：

希望学生在活动中发现以下情况：

（1）发现周围的物体在运动。

（2）发现周围物体运动方向与自己运动方向相反。

（3）发现模拟运动与事实之间的矛盾。

（4）发现选择不同的参照物，所描述的物体运动状态不同。

如果学生在互相交流时，没有提出这些发现，那么可通过提示学生观察记录在表格中的现象，对比分析，实现活动效果预设。

第二阶段：交流研讨，发现规律，解决问题。（预计15分钟）

【设计意图】进行的各项体验活动和对体验活动的交流总结，为进一步交流研讨提供了经验维度的支撑，而活动后的交流研讨则是发现规律的科学思维过程，并进一步利用所得的规律去研究地球自转方向这一问题，帮助学生初步建立相对运动的概念，则有可能获得较好的效果，希望这样的设计能够有效破教学难点。

1. 创设情境，聚焦话题

结合我们刚才在外面的活动，我们一起来研究一个科学问题：想象一下，我们的地球就是一个"大转椅"，我们都在转椅上，向周围看时，我们可能会看到什么？你为什么会这么想？

学生可能会提出：

可以看到太阳、月亮在运动；方向与我们运动方向相反……

2. 根据已知经验，推演地球自转方向

通过全班讨论交流、共享经验，深入思维，推演和判断地球运动方向。

教师可通过以下几个问题引导全班交流：

（1）把我们的这些推想，与生活中你看到的现象作比较，你有什么发现？

【设计意图】这是一个比较有发散思维性的问题，给学生以较大思考的空间，并引导学生把根据已有经验的推想与生活中的现象建立联系。

（2）我们在生活中看到太阳东升西落，为什么看到的现象是这样的呢？这种现象说明了什么问题？

学生根据已积累的经验，可能会提出以下观点。

地球的运动方向与看到的太阳运动方向相反，地球应该是自西向东运动的……

（3）出示：视频资料（关于地球自转方向）。

【设计意图】由于学生年龄特点和认知特点，地球自转方向对学生来说较为抽象，在这里出示视频资料，可使学生形象直观地认识地球自转方向。

（4）总结：地球自转方向是自西向东。

板书：自西向东。

第三阶段：联系实际，应用拓展。（预计13分钟）

【设计意图】科学概念的建立是一个循序渐进的过程，它需要反复的探讨与实践。尤其是面对小学五年级的学生，还需要对抽象概念进行形象、具体和生活化的深入认知。

1. 应用所学概念，演示地球自转

出示材料：地球仪。

我们已经知道地球是自西向东自转，你能演示一下吗？

【设计意图】根据实践后的反思，这里我设计了一个由学生完成的演示实验，一方面用于展示学生对于地球自转方向的掌握程度；另一方面使学生对于地球自转方向的认知进一步内化。

2. 应用所学概念，解决问题

（1）提出问题：我们知道了地球的自转方向是自西向东，地球的自转会产生昼夜现象，那么你知道北京、乌鲁木齐谁先迎来黎明吗？

板书：谁先迎来黎明。

预设学生可能会提出：

北京   你为什么这样想？
乌鲁木齐   请阐述你的理由。

板书：乌鲁木齐、北京。

【设计意图】通过追问，暴露学生思维过程。

（2）进行验证实验。

实验材料：

手电筒——模拟太阳   你发现了什么？
地球仪——模拟地球   由此得到什么结论？

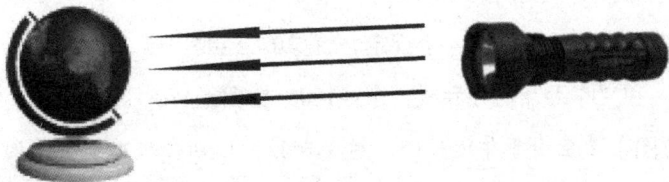

（3）全班交流总结。

学生可能会总结出：北京先迎来黎明，东边比西边早迎来黎明

……

171

【设计意图】学生需要运用地球自转方向的知识来判定谁先迎来黎明。在这个过程中，学生通过解决这个问题，把概念的掌握程度外化、展示，同时这个环节也是教师对学生学习效果进行评价的环节。

3. 拓展应用，认识世界时区（延伸内容）

我们已经知道了北京先迎来黎明，那么你知道这两个城市的时间差吗？

出示：世界时区图。

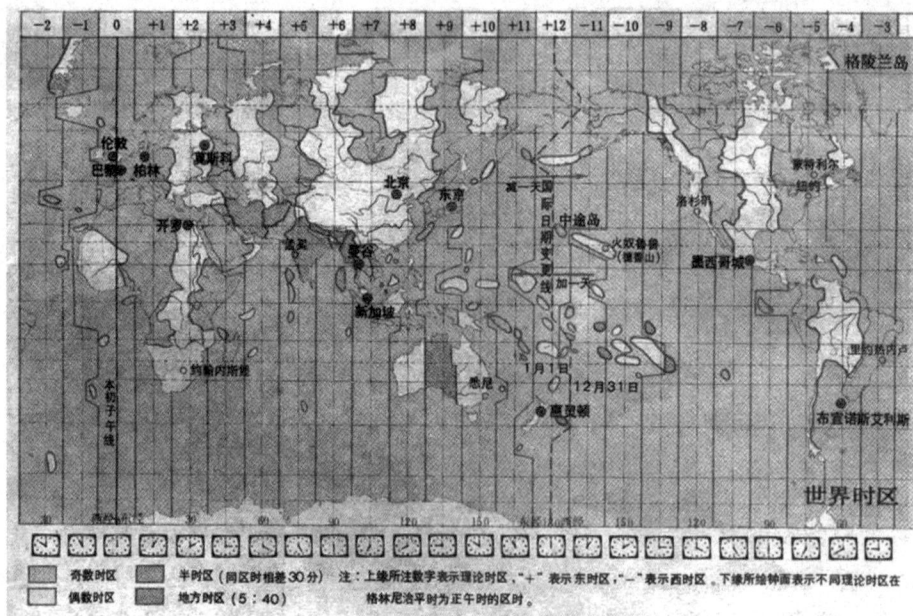

根据书第81页的内容，认识世界时区图。

可补充国际日期变更线的知识：

国际日期变更线是人们的一个规定，就像0°经线一样，原以180°经线作为地球上"今天"和"昨天"的分界线，东经180°比西经180°早一天。

【设计意图】学生由于年龄较小，对于世界时区划分较难理解，因此，把认识世界时区图，作为延伸内容。在这里要根据学生不同的情况灵活安排：如果学生在课堂上对此问题很感兴趣，那么我会安排播放一段关于时差产生的视频资料片，并结合书中世界时区图帮助学生理解，如果学生未达到这个层次，则将此作为课后延伸内容。

六、板书预设

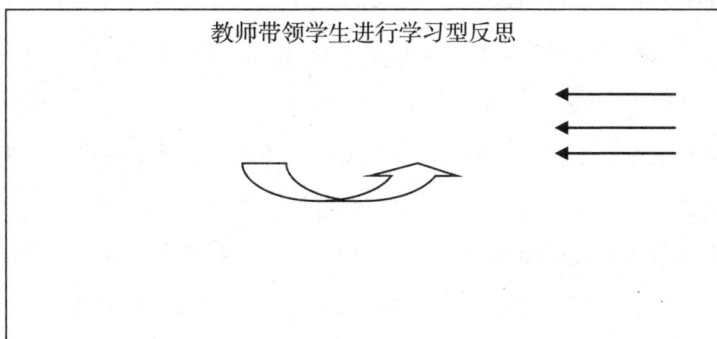

教师带领学生进行学习型反思

七、课堂效果预测

希望学生通过参与本节课的学习，根据已有经验，提炼和总结出关于物体运动的规律和特点，初步认识相对运动并推演地球自转方向，在头脑中形成自己的知识体系。

课堂效果预测

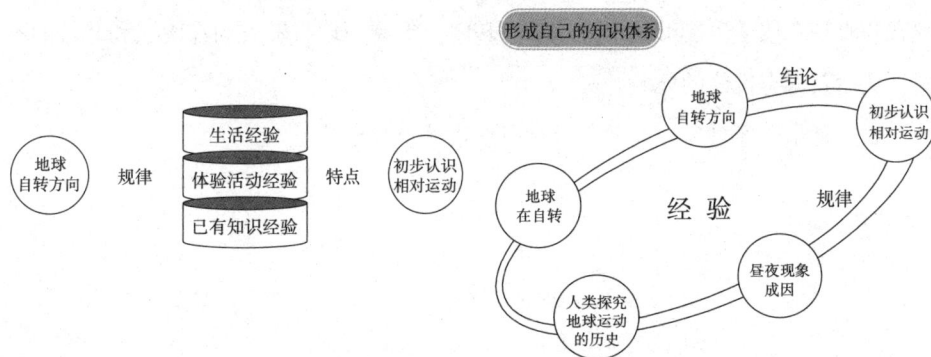

八、案例中反思性教学的体现

反思性教学是建立在科学意义上的反思，并以解决教学问题为基本点，具有较强的创造性。这表现在以下两个方面：一是作为实践活动，反思性教学反思不是经验性教师在教学后简单回想一下自己的教学情况的反思，而是一种可重复实验的具有研究意义的反思；二是它用科学和人文相统一的方式解决处于教学的决策和技术及伦理等层面的教学主体和教学目的，以及教学工具等方面的问题（即不足之处），千方百计追求更好地完成教学任务。这使得参与反思性教学的教师获得了创造性思考直至创造性解决问题的机会。

在这个教学过程中，我分别在以下几处进行了改进，使学生更喜欢学，而老师也更乐于教。

1. 导入环节，我以活动为主，突破了以往其他说教方式的导入，并且与学生一起进行户外活动，在活动中把科学和人文统一起来，使学生既观察到了事实现象，又丰富了自己的经验，轻松快乐地进入这节课的学习。而在体验活动结束后，用表格帮学生把相关经验整理分类，创造性地解决了以往只重活动而轻整理的模式，把学生从活动中顺利地引导讨论本课所要研究的问题。

2. 在第三阶段即拓展应用阶段，根据我上课的观察和所收集的资料，"使用地球仪模拟地球自转，认识地球自转方向"这个内容，是被当作详细分析解释后的应用展现内容，学生在这里无法从地球仪模拟地球自转这个活动中获取有价值的收获，而学生也无法找到自己经验的盲点，在此基础上，通过思考和实践，我把模拟自转作为体验性活动，教师不再进行填鸭式的教学，而是让学生在体验活动中有所发现和收获，使学生能够在模拟地球自转时，发现地球自转方向在南极和北极的不同，从而获得有价值的体验。

以上是本课通过反思性教学，加以改进的重点环节。

第四章

技术与工程领域

第一部分 理论概述

技术与工程领域是2017年版《义务教育小学科学课程标准》新增的内容，以前本领域内容隶属于物质世界，本领域修订后的内容横跨物质世界领域、生命世界领域和地球宇宙空间领域，是对这三大领域内容的实践运用层面综合起来的表达。因此，教师应充分认识技术工程的学科本体价值和教育教学价值，这对促进小学生科学素养的形成和发展具有重要意义。

第一节 小学科学生命科学领域学科本体价值分析

（一）认识和理解科学、技术和社会互动关系为出发点

在这一内容领域中认识和理解科学、技术与社会的互动关系是课程的重要出发点。比如，在"科学、技术与社会的互动"内容主题中就提出了"通过科学课程的学习，学生应该初步了解科学、技术与社会的关系"的具体目标，目的是让学生了解什么是科学与技术，科学与社会有什么样的关系，以及技术与社会之间是如何关联的。

（二）强调科学史教育的地位和作用，把科学史渗透进学科内容的教学之中

在科学教学过程中提供重要的科学事实、概念、原理、方法及技术发明的历史背景、现实来源和应用，运用这些内容来启发学生的思维，加深学生对所学科学知识的理解，形成正确的科学观，并促进学生对科学、技术与社会相互关系的理解，进而使学生感受科学在人类文化与社会进步过程中的地位和影响，认识科学是一种生动的、基本的人类文化活动，引导他们重视科学在当代社会发展中的作用，并引起他们对科学各领域之间的、内在联系的关注。

（三）培养学生对技术设计的认识和了解

技术是人们根据一定的工艺知识、技术期望、工具仪器设备、能源和材料去进行改造世界的社会实践活动，也是与科学密不可分的一个重要领域。认识科学技术离不开对技术特征及其在社会中应用的了解。因而，为了培养学生的技术创新意识，应该注意培养学生的技术设计能力。技术设计的训练和能力增长，也有益于促进学生对技术设计特征和技术设计方法的了解，更进一步加深了学生对科学技术在社会生产、生活实践中的应用的了解。

（四）促进学生认识和了解现代科学技术的课题与进展，扩展认识的视野

通过对有关科学技术发展的重大课题的学习，认识科学技术对社会的正面影响或负面影响，培养学生关注环境、资源等社会重大问题的意识，增强他们的社会责任感，而且也使他们知道怎样在实践中用科学的原理和方法去解释自然现象和解决生活中所遇到的实际问题，逐步养成科学的生活态度与习惯。

为了扩展学生的认识视野，课程标准选取了环境与资源、现代农业与基因工程、通信与交通、材料和空间技术等现代科学技术发展的重大领域的课题进行介绍。从这些内容构成的特征来看，教师要"结合现实的或历史的实例进行教学，引导学生从技术、经济和社会的更大视角去认识科学的本质"、去理解科学技术对人类社会发展的价值。

第二节 小学科学物质科学领域学科教育价值分析

（一）技术与工程对人类社会生活的影响

课程标准指出：人类观察自然、研究各种现象产生和变化的原因而产生科学，科学的核心是发现；对科学加以巧妙地运用以适应环境、改善生活而产生技术，技术的核心是发明；人类为实现自己的需要，对已有的物质材料和生活环境加以系统性地开发、生产，加工、建造等，这便是工程，工程的核心是建造。运用科学、技术与工程，人类创造了丰富多彩的人工世界。这一段话开宗明义，阐明了科学、技术与工程的主要特征及其相互之间的关系，以及科学、技术与工程之于人类文明的

意义。

为了生存，原始人拾取木棒、石块当工具。木棒延伸了人的手臂长度，石块增强了人的拳头硬度，木棒和石块组合变成了石锤。随着文明的进展，人类的工具不断创新与发展。到了铁器时代，人类以铁锤取代石锤来增加力量；进入工业革命以后，人类以电动机替代劳力的工作；如今是信息时代，人类利用计算机来协助处理复杂的计算工作。

我们知道，掌握自然现象的变化规律和自然的演变规则，使我们能应用自然运作的原理，于是就有了各种发明创造。例如，斜面原理让我们体会到刀斧的锐利和方便，利用磁场的改变可以产生电流，利用电流通过导线可以产生热和光，利用现代化的基因育种技术可以产生新的生物品种等，人类运用科学、技术与工程创造了丰富多彩的人工世界。工程师及各种匠人运用他们的经验和对科学的理解，设计出能够满足人们需要的产品、系统或工作程序。透过科学、技术与工程的进步，人类善用工具、材料、方法、知识和创意等资源，这就大大增强人类解决问题的能力。

科学技术在现代广阔的社会和经济范畴中给人类带来重大影响。在将近200万年的发展进程中，人类通过科学、技术与工程制造出许多自然界所没有的东西，创造出一个巨大的人工世界。在古代，人类依靠最原始的技术和自然界互动生存，自然界提供什么，人类就怎样生存，原始的采集、狩猎时代和早期的农业就是这样的。现代，人类更多地依靠科学技术生存，特别是在工业革命以后，技术与工程项目高速发展，剧烈涌现，对人类生产、生活方式的改变产生了巨大影响。我们生活在一个被现代技术包围的社会中，不断变化和涌现的新技术正以一种史无前例的速度渗透到我们生活中的每个角落。教育不可能也不应该回避这个现实，如何让学生适应这个技术社会，并积极参与其中，成为基础教育高度重视的问题。

（二）技术与工程领域对儿童学习生活的影响

儿童自出生起就开始探索周围的世界，由此开始了他们的科学探索历程。同样，儿童在很小的时候就会遇到各种问题，需要合作完成一些任务，需要开动脑筋去规划并设计利用简单的工具和材料制造属于他们的"产品"，由此开始了他们的技术与工程实践历程，从这个意义来说，每个孩子都是天生的"工程师"。

课程标准指出：技术与工程领域的学习可以使学生有机会综合所学的各方面知识，体验科学技术对个人生活和社会发展的影响。技术与工程实践活动可以使学生体会到"做"的成功和乐趣，并养成通过"动手做"解决问题的习惯。

小学科学课程内容标准中增设了"技术与工程"领域，意图通过组织学生对日常生活难题和自然事物的探究和改造，让学生积累经验、增长知识、提升能力。在这个过程中，学生通过观察、实验、制作、建模和推理来获取知识；依据技术与工程学的程序和方法来探讨、论证、制作和发明，因而发展了实践能力、思维能力和运用科学知识去解决问题的能力。

技术与工程的实践活动通过丰富而具体的操作，让学生拥有一双灵巧的双手。技术与工程实践活动通过让学生"动手做"来解决问题，使学生养成重视证据和逻辑的思维习惯，以及注重实际的行为习惯。一方面，小学生参与制作、欣赏作品，可以体验到"做"的成功和乐趣，有利于他们激发的科学兴趣、确立自信心、发展自尊和独立意识；另一方面，工程与技术的实践活动还可以让学生养成关注周围世界和实际生活的态度，使他们学会探究和解决生活中简单的问题，感受和体验科学技术的作用以及科技发展对人类生活、对自己个人的影响，学会使用和管理科学技术以适应现代化的社会生活。

小学阶段进行的技术与工程实践活动大多是简单易行的，经历这些活动能让小学生在已有认知和技能水平的基础上，获得使用简单工具解决生活中的实际问题及制作产品的经历和体验。这些实践活动使儿童有机会综合所学各方面的知识，去观察了解各种人造和天然材料的性质，学习使用工具，学习设计和制造东西。在解决问题和制作产品的过程中，创造性地运用所学的各方面知识，在设计、制作、打磨、修改、再完善等一系列程序中，学生锻炼和提升了动手动脑的能力。

我们认为，科学在儿童个体身上也经历了和科学史一样的发生、发展过程，同样，在每个儿童的身上也都会有技术活动的亲身经历。我们既然相信每个儿童都是科学家，尽管儿童的科学发现对于科学家来说可能是微不足道的，我们也有理由相信，每个儿童都是发明家和工程师，尽管他们的发明和制造也许仅具有个人的意义，和真正的发明还相差甚远。我们把工程技术和年幼的儿童联系在一起，并不是对工程技术做庸俗化的理解，恰恰相反，我们是基于技术与工程的设计本质，去理解"儿童是天生的工程师"这一命题的。

第一，技术存在于每个人的实践活动中，是人的实践能力的具体体现。

技术不仅是隐含于科技产品之中的那些高深莫测的东西，也不是少数发明家的"专利"，它存在于每个人的实践活动中，是人的实践能力的具体体现。精密的电脑芯片体现了技术，能工巧匠的技巧也体现了技术。设计师设计出各式各样的瓶盖是技术，儿童能想办法打开了瓶盖也是技术。从这样一个广泛的意义上理解工程与技术，是理解"儿童是天生的工程师"的前提。

第二，工程与技术不仅表现为具体的产品，它更是一种过程和结果的统一。

从其结果来看，技术与工程常常表现为某种产品的形式；从其过程来看，则表现为设计的办法、操作的技巧、制作的工艺等。技术与工程产品是技术活动过程的必然产物。同样，"儿童是天生的工程师"既表现为他们制作物品的过程和结果，也表现在他们解决具体问题的过程之中。

第三，儿童不仅是技术与工程产品的受用者，更是技术与工程活动的主体。

儿童不是被动地生活在技术世界中，被动接受工程与技术产品的影响，而是在主动地应对各种实际问题，解决各种问题。他们认识各种技术产品，学习使用各种产品，他们还在摆弄各种事物，甚至在制作一些物品的过程中摸索操作技巧。这些都说明了儿童是技术活动的主体，尽管他们对什么是技术还没有明确的认识，但是他们仍然是"天生的工程师"！

学习本领域的内容，可以让学生学会如何进行技术与工程实践活动，也培养出批判、创造等各种能力。特别是本领域强调以动手实践或实地观察的方式进行学习，使学生获得处理事务、解决问题的能力。实践活动也让学生了解到在技术与工程实践过程中，细心、耐心、务实和实事求是的重要性。本领域内容的学习如果能够做到科学教育与工程技术教育的整合，就可以增强学生对科学以及科学、技术与工程之间关系的理解，为将来形成正确的科学观和社会价值观打下基础。同时，学生也了解到科学与技术的发展对人类生活的影响，学会使用和管理科学与技术来适应现代化的社会生活。

第二部分 教学实践

第一节 《齿轮传动》教学设计
——学生像工程师那样去"工作"

本教学设计具有以下的特点。

源于对核心素养和新课标的高度关注。

国家核心素养明确指出：学生应具备适应终身发展和社会发展需要的必备品格和关键能力。从学习过程（认知加工）的角度，把学生的关键能力分为阅读能力（输入）、思考能力（加工）和表达能力（输出）三种[①]。学生应善于发现和提出问题，能依据特定情境和具体条件，选择制订合理的解决方案；具有工程思维等。核心素养的出现，让我将课内与课外、知识与生活、理论与实践有机统一起来。科学学科核心素养—科学探究要素—科学解释中的迁移应用中也明确提出，在具体情境中，学生也需要比较灵活地将所学知识和方法迁移应用到其他学习领域和日常生活中，解决简单的实际问题。

《小学科学课程标准》中"技术与工程"领域的出现，使学生可以利用工程实践活动，更加充分地通过"动手做"解决实际问题，将科学知识与生活应用紧密联系，像工程师那样去学习。

源于理论联系实际，学以致用的学习需求。

齿轮传动在传统的科学探究教学中，一般只是利用齿轮传动学具，运用科学探究模式，得出科学知识，即齿轮可以传递运动，可以改变运动的方向及圈数，但学习科学知识过程与实际生活联系却不够紧密。虽然教学过程中有动手能力的培养，

[①] 余文森. 核心素养导向的课堂教学 [M]. 上海：上海教育出版社，2017，7：18-21.

181

但学生自主动脑、动嘴和动笔能力的培养却不是很充分。孩子们需要像工程师那样"工作"，从与生活联系紧密的具体问题和需求出发，亲身经历动手、动脑、动笔和动嘴等工程实践活动，来研究齿轮传动规律及齿轮传动在生活中的应用情况。从而更好地理解基本的科学知识，并能在生活中利用所学知识解决实际问题。因此，我设计了本主题。

一、指导思想与理论依据

1.指导思想

冯·卡门教授有句名言：工程师创造未来的世界。因此我将本主题的指导思想定为：学生像工程师那样去"工作"。

在课堂里，我让学生像工程师那样在教室里工作，并且，孩子们在教室里所做的事和工程师在办公室里所做的事只有程度不同，没有本质区别，因此，学生可以像工程师那样，运用齿轮传动规律这一科学基础知识，加上调查、假设和协同这样的工程规范，解决简单的实际问题，使小车方便、快捷地完成平坡一体路面任务。在调查阶段，学生应具备如下能力：学生们收集数据，利用已有生活经验来评估特定的设计方案的优劣，即在关键能力中的阅读能力（输入）；假设阶段，学生们通过实践，更好地得到任务的解决方法，即在关键能力中的思考能力（加工）；协同阶段，学生们批判性地找出设计的潜在问题，并对其是否符合实际生活进行评估，即在关键能力中的表达能力（输出）。

此外，在各个工程阶段中，因为要像工程师那样工作，因此，学生在教学活动中用齿轮组装小车，让小车动起来；因为要像工程师那样工作，因此，学生在教学活动中运用数据分析来发现齿轮传动规律；因为要像工程师那样工作，因此，学生在教学活动中不断发现问题、解决问题的过程中应用规律；因为要像工程师那样工作，因此，学生在教学活动中自评、生生互评中改进完善设计方案等。

2.理论依据

布鲁纳《教育过程》指出，无论在哪里，在知识的最前哨也好，在三年级的教室里也好，智力的活动全都相同。一位科学家在他的书桌上或实验室里所做的，一位文学评论家在读一首诗时所做的，正像从事类似活动而想要获得理解的任何其他人所做的一样，都是属于同一类的活动。其间的差别，仅在程度上而不在性质上。学习物理的小学生就是一个物理学家嘛。

基于像工程师那样"工作"为核心的指导思想，我的教学内容围绕齿轮传动规律及应用主题组织教学，并设计了3个学时。将一个小车要方便、快捷地完成平坡一体路面的任务，拆解为《看谁跑得快》《挑战平坡一体路面》《使换挡更加方便与快捷》。

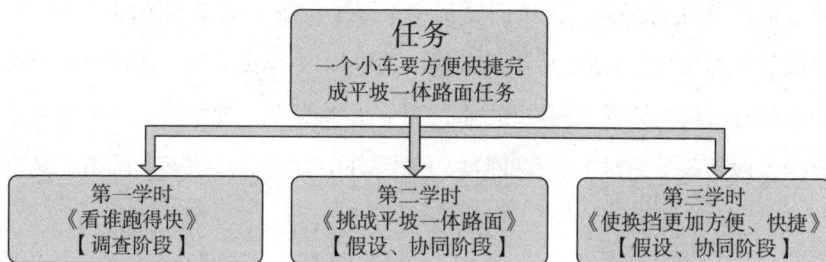

```
                    ┌─────────────────────┐
                    │        任务          │
                    │  一个小车要方便快捷完  │
                    │   成平坡一体路面任务   │
                    └─────────────────────┘
           ┌──────────────┼──────────────┐
           ▼              ▼              ▼
  ┌──────────────┐ ┌──────────────┐ ┌──────────────┐
  │   第一学时    │ │   第二学时    │ │   第三学时    │
  │ 《看谁跑得快》 │ │《挑战平坡一体路面》│ │《使换挡更加方便、快捷》│
  │  【调查阶段】  │ │【假设、协同阶段】│ │ 【假设、协同阶段】│
  └──────────────┘ └──────────────┘ └──────────────┘
```

三学时具体安排如下所示。

第一学时：《看谁跑得快》

第一学时为大任务的调查阶段，让小车动起来，并且进行比赛，看谁的小车跑得快。从而探究小车跑得快慢的原因，发现不同齿轮搭配方式与速度的关系这一齿轮传动规律。

第一学时，学生对工程实践阶段了解并不多，工程实践活动也相对简单，因此，教师利用简单的任务，教授孩子们利用完整的调查、假设和协同三个阶段的活动使小车动起来并且跑得快；初步感知工程实践中的调查、假设和协同三个阶段。

第二学时：《挑战平坡一体路面》

第二学时为大任务的假设、协同阶段。应用第一学时齿轮传动规律，解决小车从起点到终点完成整个平坡一体路面任务的实际问题，从中发现不同齿轮搭配的优势及不足。并将优势及不足应用到解决实际问题中，让小车既能在平路上很快地行驶，又能爬上陡坡，还能避免下坡失速。

学生们需在教师的指导下利用完整的调查、假设和协同三个阶段来完成平坡一体挑战任务。此学时，虽然任务难度升级，但是孩子们已了解了工程实践各个阶段，因此，他们在解决起问题时，会更加容易一些。

第三学时：《使换挡更加方便与快捷》

第三学时为大任务的假设、协同阶段。运用齿轮传动的规律，使小车可以更方便、快捷地换挡（更换不同的齿轮搭配组合），解释生活中的汽车变速箱的原理。至此，学生通过三节课的学习，像工程师那样工作，使自己的小车实现了手动换挡。

通过前两节课的积累，孩子们已初步了解了调查、假设和协同三个阶段，具备了尝试独自解决问题的能力。因此，第三学时，小车更方便、快捷地换挡挑战任务，学生们自主利用调查、假设和协同三个阶段来完成。此学时，虽然任务难度又再次升级，但是孩子们对工程实践阶段更熟悉了，因此，解决起问题来，又更容易了一些。

二、教学目标

1. 学习目标

学科核心素养	课程标准	主题教学目标
（1）科学探究要素下的科学解释中的迁移应用中明确提出，在具体情境中，能比较灵活地将所学知识和方法迁移应用到其他学习领域和日常生活中，解决简单的实际问题 （2）科学态度要素中提出学会合作分享，能接受别人的批评、建议、反思和调整自己的探究	本课属于"技术与工程"领域下： 17.技术的核心是发明，是人们对自然的利用和改造 17.3工具是一种物化的技术 17.3-3使用杠杆、滑轮、轮轴、斜面等简单机械解决生活中的实际问题 活动建议中指出：运用杠杆、滑轮、齿轮等简单机械装置的传递改变力的大小	（1）科学知识 知道齿轮是有整齐齿边的轮子，可以改变运动的方向、运动的速度（圈数）。知道大齿轮带动小齿轮，速度会相对快一些，但是扭力会相对弱一些。小齿轮带动大齿轮，会使扭力相对强一些，但是速度会相对慢一些 （2）科学探究 知道工程师解决问题，需要经历调查、假设和协同三个阶段。学会使用齿轮传动的知识，解决生活中的实际问题。通过快捷、方便完成平坡一体挑战任务，培养学生观察记录、比较分析的科学思维能力和解决问题的能力 （3）科学态度 能接受别人的批评意见，反思、挑战自己的探究；在进行多人合作时，愿意沟通交流，综合考虑小组各成员的意见，形成集体的观点 （4）科学、技术、社会与环境 了解人类的好奇和社会的需求是科学技术发展的动力，技术的发展和应用影响着社会发展

基于主题教学目标的制订，我将主题活动的学习重难点做出如下的确定。

2.学习重点

知道大齿轮带动小齿轮，速度会相对快一些，但是扭力会相对弱一些。小齿轮带动大齿轮，会使扭力相对强一些，但是速度会相对慢一些。

运用不同齿轮搭配方式的优势及不足，完成平坡一体路面任务，根据路面的不同特点更换不同的齿轮搭配方式，并能说出更换依据及原因。

3.学习难点

知道工程师解决问题，需要经历调查、假设和协同三个阶段。

三、教学流程

主题任务	工程实践阶段	课时安拓		教与学活动规划
利用小车，方便快捷地完成平坡一体路面行驶任务。	调查	第一学时《看谁跑得快》	教授 1.调查 2.假设 3.协同	1.创设情境，明确三学时任务。 2.设计使小车动起来解决方案。 3.动手实施设计方案，并进行比赛，提出假设。 4.通过探究活动，验证假设，获取数据。发现不同齿轮搭配方式与速度的关系的规律 5.提出新问题。
	假设、协同	第二学时《挑战平坡一体路面》	指导 1.调查 2.假设 3.协同	1.复习旧知，提出挑战任务。 2.设计解决方案。 3.动手实施设计方案。 4.生生评价改进完善。 5.提出新问题。
	假设、协同	第三学时《使换挡更加方便、快捷》	1.调查 2.假设 3.协同 自主	1.提出挑战任务。 2.设计解决方案。 3.动手实施设计方案。 4.生生评价改进完善。 5.提出新问题。

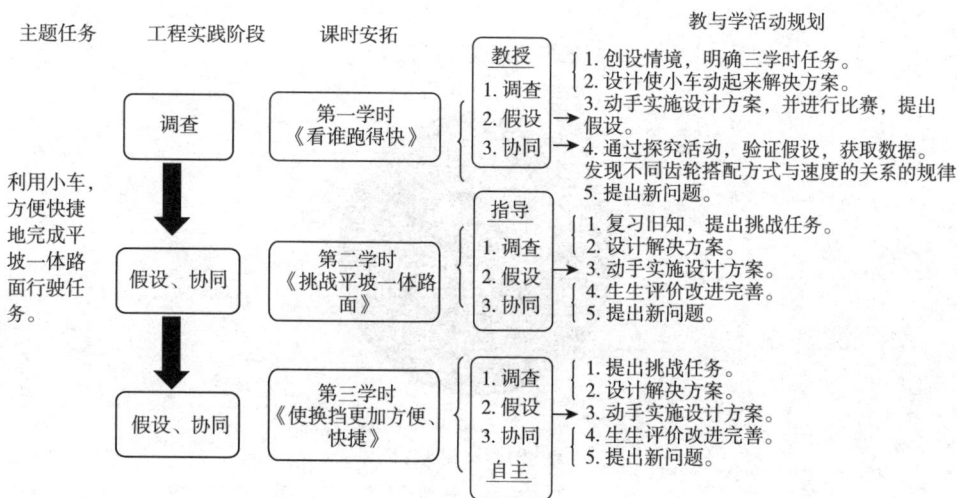

第一课　看谁跑得快

1.教学内容分析

本课是首师大版《科学》第八册，《设计与制作》单元中《制作机器模型》一课的部分内容，关于齿轮及齿轮传动方向、圈数规律的研究。在本课之前，学生已经学习了《自行车的发明与发展》《自行车的结构》《自行车的行驶》等课的相关知识。

已学自行车的结构与行驶，为本节课齿轮传动的学习起到正迁移的作用，使学生利所学知识过渡到汽车的结构与行驶知识的学习。

2.学习者分析

本教学设计施教的对象是小学六年级学生。

上本课之前，我需要知道学生是否有骑行变速自行车的经历，对变速自行车换挡的了解有多少，于是我做了如下分析。

（1）知识储备上

在进行本课教学之前，对学生是否有骑行变速自行车的经历做了调查。发现有71.8%的学生骑过变速自行车，其中有60.8%的学生知道在平坦路面上需要使用前面大齿轮，后面是相对小一些的齿盘；或者前后几乎一样大的齿盘；在上坡时，需要使用前面为小齿轮，后面为相对大一些的齿盘。

是否骑过变速自行车

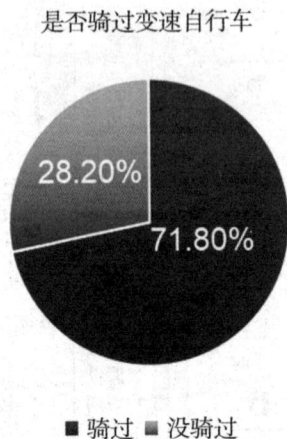

28.20%

71.80%

■ 骑过 ■ 没骑过

（2）操作能力上

六年级学生已经初步具备了动手拆装物品的能力。针对男生、女生在动手方面存在的差异，男生动手能力稍强的特点，采用小组合作学习的方式进行动手实践会更好进行教学。

3.学习目标确定

（1）知道齿轮是有整齐齿边的轮子。

（2）知道齿轮可以改变运动的方向、运动的速度（圈数）。

（3）通过不同齿轮搭配方式与小车行驶快慢有什么关系的探究活动，知道大齿轮带动相对小一些的齿轮，速度会相对快一些；小齿轮带动相对大一些的齿轮，速度会相对慢一些。

（4）通过认识齿轮和探究齿轮传动方向及圈数规律的体验活动，培养学生观察记录、比较分析的科学思维能力和提高解决问题的能力。

（5）能接受别人的批评意见，反思和挑战自己的探究。

（6）了解人类的需求是影响科学技术发展的关键因素。

4.学习重点难点

教学重点

（1）知道齿轮可以改变运动的方向、运动的速度（圈数）。

（2）通过不同齿轮搭配方式，与小车行驶快慢有什么关系的探究活动，知道大齿轮带动相对小一些的齿轮，速度会相对快一些；小齿轮带动相对大一点的齿轮，速度会相对慢一些。

教学难点

在学习齿轮的名称、探究传动方向及圈数规律过程中，培养学生观察记录、比较分析的科学思维能力和解决问题的能力。

5.学习评价设计

评价量规

项目＼内容＼标准	层次一	层次二	层次三
知识获得	在老师的指导下发现齿轮可以改变运动的方向和运动的速度（圈数）、不同齿轮搭配与速度的关系	在老师的引导下发现齿轮可以改变运动的方向和运动的速度（圈数）、不同齿轮搭配与速度的关系	自主发现齿轮可以改变运动的方向和运动的速度（圈数）、不同齿轮搭配与速度的关系
能力提升	观察记录、比较分析的科学思维能力和解决问题的能力有待提高	较熟练地掌握观察记录、比较分析的科学思维能力和解决问题的能力	熟练掌握观察记录、比较分析的科学思维能力和解决问题的能力
学习态度	不愿意接受别人的批评意见并反思、挑战自己的探究	愿意接受别人的批评意见并反思、挑战自己的探究	十分愿意接受别人的批评意见并反思、挑战自己的探究

6.学习活动设计

环节一：创设在平坡一体路面行驶这一情境，调取学生已有生活经验，明确三学时任务。

（1）创设情境，调取学生已有骑变速自行车的生活经验。

教师出示骑行变速自行车图片。

教师提出问题：在骑行变速自行车时，你最大的感受是什么？

学生回忆骑行变速自行车的真实感受。

预设：平路的时候可以用7挡，速度快，爬坡的时候用1或2挡，力大。

策略：教师追问"你说的7挡什么意思？"引导学生利用自行车讲解平路和上坡的换挡，将问题聚焦到"前面的用大齿盘，后面用比它小的齿盘"。

教师播放自行车变速器原理视频，并用PPT小结变速自行车变速原理。

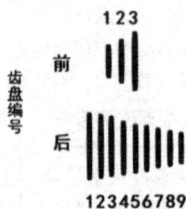

预设1：班级内所有学生都体验了骑行变速自行车。

策略1：教师追问：是这样吗？我们通过一个视频，再了解一下。

预设2：班级内有几个人没骑过变速自行车。

策略2：教师借助一个视频和PPT，让所有学生了解一下。

（2）创设情境，调取学生关于汽车换挡的生活经验。

教师出示汽车行驶图片。

提问：汽车在平路、上坡和下坡路上行驶，司机会怎么做？

学生根据生活经验迁移自行车变速器的体验。

预设：手动挡的车，司机会挂挡。

策略：教师追问："挂挡是什么意思？你见过怎么挂挡吗？仔细观察过挡把里面是什么样子吗？"

（学生并未观察过，说不出来，从而产生了本主题学习的必要性）

（3）明确三学时任务。

谈话：汽车的换挡装置也叫变速箱，是汽车动力传动系统的主要组成部分之一。变速箱是如何工作的？为什么轻轻推一下挡把，汽车就能方便和快捷地在平路上快速行驶，又能爬上地下车库的陡坡？这节课我们就来学习一下。

通过自行车调节变速器使行驶状态不同的体验推想汽车在不同行驶状态下变速器的工作原理。

【设计意图】在实际生活中，通过调查，大部分学生都有骑变速自行车的经历。本环节为工程实践阶段的调查阶段，创设情境，调取孩子们关于变速自行车变速原理的已有认知，为本主题的学习起到正迁移的作用，这样更加便于提出了解变速箱是如何工作的，是如何按照不同路面的需求行驶的三学时大任务。

环节二：引入简易小车。设计让小车动起来的方案，从而认识主动齿轮与从动齿轮。

（1）引入简易小车。

过渡语：我们不方便把那么大的汽车搬到教室里来，所以老师给你们准备了这样的汽车模型。汽车模型是由车身、发动机和底盘组成的。请你仔细观察一下汽车的各个组成部分。

学生以小组为单位观察模型小车的各个组成部分，以熟悉小车，并汇报观察结果。

汽车模型由车身、发动机、底盘组成

谈话：请将电池盒下方的开关打开，你看到了什么现象？

学生回答：响，但不动。

教师追问：怎么能让小车动起来呢？你有什么办法？

（2）设计让小车动起来的方案，从而认识主动齿轮与从动齿轮。

教师出示一辆简易模型小车及齿轮材料。

明确任务1：怎么组装简易小车，使小车动起来？

教师提问：齿轮是什么样的？怎么装？为什么这么装？

学生说明设计方案：为什么发动机上装一个齿轮，后轮轴上装一个齿轮，小车就能动起来了，从而认识主动齿轮及从动齿轮。发动机带动的齿轮为主动齿轮，跟着发动机齿轮动的齿轮叫作从动齿轮。

（板书：主动齿轮／从动齿轮）

【设计意图】通过设计使小车动起来的方案，使学生可以像工程师那样工作，经历调查阶段，从而认识主动齿轮和从动齿轮，为第二课时换挡知识的学习搭建桥梁，从而为选择不同的主动齿轮及从动齿轮按需完成平坡一体路面任务埋下伏笔。

环节三：动手实施让小车动起来的任务方案，并进行比赛，对小车快慢与不同齿轮搭配方式有怎样的关系做出假设。

（1）动手实施让小车动起来的任务方案，并进行比赛。

学生小组活动，按照设计方案让小车可以动起来，并明确任务2：比一比看谁跑得快。

教师组织学生们进行比赛。

学生将组装好的小车放在平路上进行比赛。

此时教师应观察各组小车的齿轮搭配方式及小车的行驶状态：

预设1：如果所有组中齿轮搭配方式不一（有大齿轮带动小齿轮的小车；有小齿轮带动大齿轮的小车；有中齿轮带动中齿轮的小车），比赛结果有快有慢。

对策1：产生问题：小车为什么有快有慢，什么原因导致的呢？观察和比较一下自己的小车和别人的小车之后说说自己的想法。

预设2：所有组中缺少某种搭配方式的小车。

对策2：产生问题：小车为什么有快有慢，是什么原因导致的呢？说说想法。还有没有其他方式可以让小车动起来？这样搭配，你猜测速度会怎样？

（2）组织学生做出假设。

讨论：为什么有的小车跑得快，有的小车跑得慢？小车跑得快慢与齿轮搭配有关系吗？如果有关系的话，是什么关系？

策略：教师出示立体班级记录单，将学生的假设记录在立体班级记录单上，便于三课时板书的连贯性，并为后两节课运用本节课所学规律解决平坡一体路面任务服务。

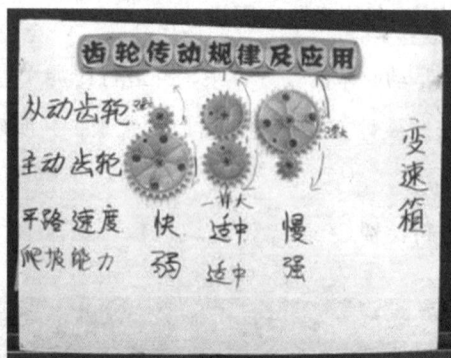

学生进行思考，做出假设：大齿轮带动比它小一些的齿轮，在平路速度最快；小齿轮带动比它大一些的齿轮，在平路速度最慢；一样大的齿轮，平路速度适中。

【设计意图】本环节为工程实践阶段中的假设阶段，通过让小车动起来，并进行比赛来聚焦思考小车跑得快慢是否与齿轮搭配有关系，如果有的话，是怎样的关系。为探究齿轮传动方向及圈数产生学习需求。

环节四：通过探究活动，验证假设，发现齿轮传动方向及传动圈数的规律，知道不同的齿轮搭配方式与速度之间的关系。

（1）利用不同齿轮搭配获取数据，对假设进行验证。

①教师提出要求，学生利用不同齿数的齿轮，对刚才不同的假设进行数据的获取，将数据记录在记录单上。

研究齿轮传动规律 记录单1

探究主动和从动齿轮工作时的方向和圈数的关系				
主动齿轮齿数	从动齿轮齿数	主动齿轮方向	主动齿轮所转圈数	从动齿轮所转圈数
30齿	10齿			
30齿	20齿			
20齿	10齿			
10齿	20齿			
10齿	30齿			
20齿	30齿			
30齿	30齿			
20齿	20齿			
10齿	10齿			

小车跑得快慢与齿轮搭配有什么关系呢？

学生以小组为单位进行探究活动，获取数据。

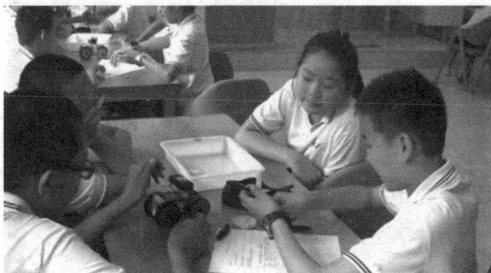

②学生小组实验。

学生利用实验材料，进行实验，并填写实验记录单。

③汇报实验数据。

④分析实验数据。

教师带领学生分析实验数据。

谈话：请小组内讨论并分析记录单中的数据，你有什么发现？你能得出什么样的结论？

学生分析实验数据。

预设1：学生能分析出只要是大齿轮带相对小一点的齿轮（30齿轮带20齿轮、30齿轮带10齿轮），速度就快；只要是一样大的齿轮，速度就适中；只要是小齿轮带动相对大一点的齿轮，速度就很慢。

策略1：教师进行下一环节，书写板书，布置作业。

预设2：学生不能分析出预设1得出的规律。

策略2：教师在PPT上用手圈出大的齿轮带相对小的齿轮的三种情况，小的齿轮带相对大的齿轮的三种情况，一样大的齿轮的三种情况。追问：可以三种情况一起看，你发现了什么规律？

⑤小结实验结论，得出规律。

小结结论：齿轮传动能改变运动的方向、快慢，大齿轮带动小齿轮，会使小车的速度相对快一些；小齿轮带动大齿轮，会使小车的速度相对慢一些；中齿轮带动中齿轮，会使小车的速度相对适中。

教师将学生们发现的规律记录在立体班级记录单上。

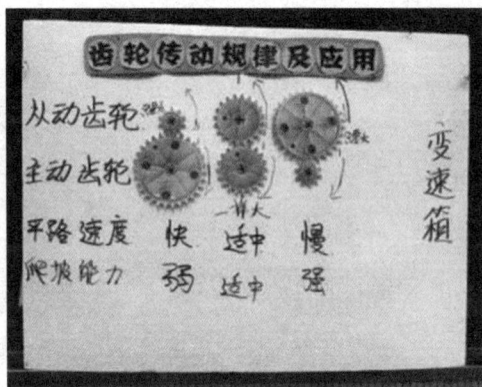

【设计意图】根据学生利用实验材料收集的数据，运用分析与综合科学的思维方法，总结出齿轮传动的相关规律。学生在解决问题中，像工程师那样动手实践，分析数据，从而培养自己的工程实践能力。

环节五：布置作业，为完成平坡一体路面任务做铺垫。

教师小结：这些就是齿轮传动的规律。

教师贴板书：齿轮传动规律及应用。

怎么应用呢？老师布置一个作业：生活中的路面并不都是一马平川的平坦路面，大多都是由平坦路面、坡路路面、下坡路面相结合的平坡一体路面。假如就用刚才比赛的小车来爬坡，可能会怎样呢？请同学们课下思考。

【设计意图】通过布置作业，提出第二课时要解决的新问题，激发学生树立像工程师那样持续发现问题、解决问题的学习意识，为下节课做好铺垫。

7. 板书设计

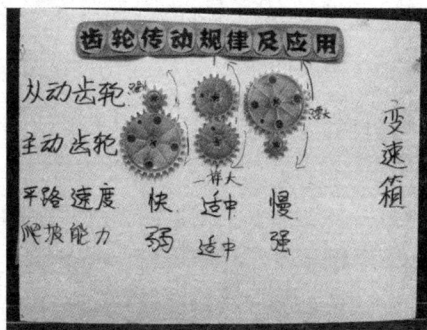

8. 作业与拓展学习设计

布置课后实践类作业：

布置任务：生活中的路面并不都是一马平川的平坦路面，大多都是由平坦路面、坡路路面、下坡路面相结合的平坡一体路面。假如就用刚才比赛的小车来爬坡，可能会怎样呢？请同学们课下思考。

9. 特色学习资源分析、技术手段应用说明（结合教学特色和实际撰写）

（1）有结构的材料可以便于组装与拆卸，便于聚焦工程实践的各个阶段。

每组将获得这样一套有结构的材料：有一个简易小车，且前后车轴很长，有一个大齿轮、一个小齿轮、两个中齿轮、一根短轴。之所以小车很简易，前后车轴很长，目的是为了节省时间、便于组装，不需要学生拆卸车体零件，只需要学生在车轴上进行加工，完成不同的齿轮搭配即可，这样更便于将学生的关注点聚焦在工程实践的各个阶段，以及提出与解决研究问题。

（2）立体班级记录单，关注主题教学的板书连贯性，为工程实践活动服务。

针对主题教学前一课时的板书不能出现在后一课时的情况，学生在运用科学知识时，只能在头脑中回忆上一课时所学内容。立体班级记录单的出现，使得三课时板书具有连贯性，不必重复擦写。学生在第一课时工程实践中的假设及探究发现，可以记录在立体班级记录单上，并在解决问题的过程中，一抬头就能看见所学齿轮传动规律，为后两课时运用第一课时所学规律解决平坡一体路面任务服务。

10. 教学反思与改进

（1）简单的工程实践活动，使学生初步感知工程实践阶段的任务。

本节课孩子们对工程实践阶段并不熟悉，因此我设计了简单的、容易实现的使小车动起来并且跑得快的工程实践活动，在教师教授下，学生经历了完整的调查、假设和协同阶段，初步感知这三个阶段。第一学时为三学时的调查阶段，为第二学时学生完成整个平坡一体路面任务提供了科学知识支撑。

（2）关注男生、女生动手能力差异。

由于本节课动手实践的活动很多，但男生和女生在动手能力方面存在着性别差异，男生普遍动手能力较强，女生动手能力稍弱。因此，在本节课中，虽然是以小组合作方式进行学习，但女生的注意力有时稍有分散。因此，在后续的课堂教学实践中，我需要采用更加灵活多变、更加丰富的工程实践活动，以解决此问题。

第二课　挑战平坡一体路面

教学内容分析

本课是首师大版《科学》第八册，《设计与制作》单元中《制作机器模型》一课的拓展内容，主要包括齿轮传动方向、圈数规律的应用研究。在第一学时，学生已经学习了齿轮传动规律的相关内容：大齿轮带动相对小一些的齿轮，速度相对快一些；一样大的齿轮，速度相对适中；小齿轮带动相对大一些的齿轮，速度相对更慢一些。

通过前两节课的积累，孩子们已初步了解了调查、假设和协同三个阶段，具备了尝试独自按照工程实践方面的知识解决问题的能力。

学习者分析

（1）知识储备上。

学生已经认识了齿轮，知道了齿轮传动方向、圈数方面的规律。知道了不同齿轮搭配方式与速度的关系。

（2）探究能力上。

在本单元前两节课《自行车的结构》《自行车的行驶》的学习中，我了解到学生经过五年系统的科学学习，已初步具备了通过运用科学知识进行动手实践，分析问题、解决实际问题的能力。

（3）制作能力上。

在本课教学之前，孩子们已经具备了动手组装智高小车的经验。

学习目标确定

（1）通过完成平坡一体路面挑战任务，可以了解到大齿轮带动相对小一些的齿轮，速度会相对快一些，但是爬坡能力会相对弱一些；小齿轮带动相对大一些的齿轮，会使爬坡能力相对强一些，但是速度会相对慢一些。

（2）培养学生比较与分类的科学思维能力和解决问题的能力。

（3）能接受别人的批评意见，反思、挑战自己的探究；在进行多人合作时，愿意沟通交流，综合考虑小组各成员的意见，形成集体的观点。

（4）了解人类的需求是影响科学技术发展的关键因素。

教学重难点

教学重点

通过完成平坡一体路面挑战任务，可以了解到大齿轮带动小齿轮，速度会相对快一些，但是爬坡能力会相对弱一些。小齿轮带动大齿轮，会使爬坡能力相对强一些，但是速度会相对慢一些。

教学难点

培养学生比较与分类的科学思维能力和解决问题的能力。

学习评价设计

评价量规

项目 \ 内容 \ 标准	层次一	层次二	层次三
知识获得	在老师的指导下发现齿轮可以改变运动的方向和运动的速度（圈数）、不同齿轮搭配与速度的关系	在老师的引导下发现齿轮可以改变运动的速度（圈数）、不同齿轮搭配与速度的关系	自主发现齿轮可以改变运动的方向和运动的速度（圈数）、不同齿轮搭配与速度的关系
能力提升	观察记录、比较分析的科学思维能力，解决问题的能力有待提高	较熟练地掌握观察记录、比较分析的科学思维能力，解决问题的能力	熟练掌握观察记录、比较分析的科学思维能力，解决问题的能力
学习态度	不愿意接受别人的批评意见并反思、挑战自己的探究	愿意接受别人的批评意见并反思、挑战自己的探究	十分愿意接受别人的批评意见并反思、挑战自己的探究

学习活动设计

环节一：回顾旧知，运用所学知识完成小车爬坡的新任务，培养学生解决问题的能力。

（1）回顾上节课旧知，明确爬坡任务。

谈话：上节课我们发现模型小车上不同齿轮搭配方式与小车行驶快慢是有关系的。

（2）提出假设，说出理由。

如果用三种小车来爬坡，会怎样呢？

学生回顾不同齿轮搭配方式与速度的关系。大齿轮带动小齿轮速度快，小齿轮带动大齿轮速度慢。

学生明确任务。对三种齿轮搭配的小车，在爬坡时可能出现的情况做出假设。

假设1：我觉得大齿轮带动小齿轮能爬上坡，因为大齿轮带动小齿轮速度快，能冲上去。

假设2：我觉得小齿轮带动大齿轮能爬上坡，因为我骑变速自行车时就是用小齿轮带动大齿轮的。

（3）验证假设，试一试爬坡。

谈话：接下来请上节课的一、二、三名同学拿着小车到跑道上试一试。

学生们拿着三种齿轮搭配方式的小车到平坡一体路面上演示，如下图所示。

学生们发现大齿轮带动相对小一点的齿轮小车爬不上坡；一样大的齿轮，也没爬上坡，但是比大齿轮带动相对小一点的齿轮小车爬得稍高一点；小齿轮带动相对大一点的齿轮小车竟然成功爬上了陡坡。

（4）比较分析，并解释分析。

在解决问题的过程中，你们发现了什么？

学生从中发现不同齿轮搭配方式的优势及不足：小齿轮带动大齿轮虽然速度慢，但是爬坡能力强；大齿轮带动小齿轮虽然速度快，但是爬坡能力弱；中齿轮带动中齿轮，速度适中，爬坡能力也适中。

（5）教师小结不同齿轮搭配方式的优势及不足。

大齿轮带动相对小一些的齿轮速度快，但是爬坡能力弱；小齿轮带动相对大一些的齿轮速度慢，但是爬坡能力强；一样大的齿轮速度适中，爬坡能力适中。

【设计意图】在回顾旧知的过程中，帮助学生回忆不同齿轮相互搭配与速度之间的关系。在调查阶段，通过对三种小车爬坡时会发生什么情况做出假设，并动手验证假设。使学生注意到不同的齿轮搭配产生的爬坡能力不一样，并发现不同齿轮搭配的优势及不足。

环节二：明确使小车从起点出发到达终点的要求，完成平坡一体路面行驶任务。小组内交流想法，确定设计任务方案。达到在进行多人合作时，愿意相互沟通交流，综合考虑小组各成员的意见，形成集体的观点和目标。

（1）明确本节课任务：使小车从起点出发到达终点，完成平坡一体路面行驶任务。

讨论：如果要完成让小车从起点出发，顺利抵达终点的任务挑战。在平坦路面上，小车会怎样行驶？如果遇到上坡路了怎么办？请你完成记录单上的设计方案。

记录单2

小组成员：

任务：让小车从起点出发，顺利抵达终点，完成平坡一体路面行驶。

任务方案：（可写可画）1.要想完成任务你们想怎样做？把你们各自的想法都记录下来。

平坦路面
起点　上坡路面　下坡路面　终点
平坦路面　平坦路面

1.根据你们的设计方案进行任务实施，把实施过程中遇到的问题及你们是怎么解决的都记录下来。

任务完成了吗？有没有新问题需要解决？请你记录在下面。

学生对如何完成任务进行设计：如下面记录单所示。

此时教师应关注以下几点。

1. 当学生不知道如何设计时，教师可以提示：你想使用多少齿的主动齿轮和从动齿轮呢？

2. 当学生设计较快时，教师可以提示：你这么做是怎么想的？有什么生活经验或者依据吗？

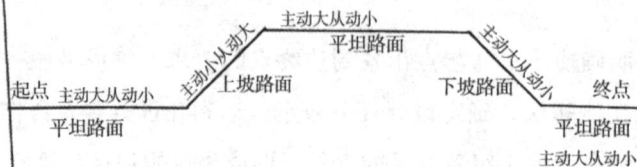

记录单2

【设计意图】 在交流的过程中确定解决方案，帮助学生学会利用文字、图案、绘画等方式表达自己的创意与构想，像工程师那样工作。并且在进行多人合作时，愿意沟通交流，综合考虑小组各成员的意见，形成集体的观点。

环节三：对任务方案进行实施，在实施过程中记录新问题，并思考新问题的解决方案。培养学生解决问题的能力。

谈话：开始实施你的任务方案，在实施的过程中，你又遇到了什么新问题？你是如何解决的？思考并记录在记录单上。

此时教师应关注如下几点：

1. 各个小组是否完成了任务，使小车从起始点到达终点。

2. 学生怎么完成任务的？

3. 各个小组在完成任务的过程中，是否遇到了新问题，如果遇到了，是怎么解决的？

学生动手实施任务方案，并记录自己新发现的问题及是如何解决的。

【设计意图】在实施设计方案的时候，像工程师那样工作。记录出现新的问题，并将解决方案记录下来。

环节四：**交流汇报，在学生与学生互相评价中培养学生能接受别人批评意见的能力，在反思、协调后继续挑战自己发现的新任务。**

谈话：你完成任务了吗？你在实施任务的过程中又遇到了什么新问题？和大家讨论交流你们是如何解决的。

一名学生交流汇报设计方案，说明实施过程中是否出现问题，及遇到问题是怎么解决的。其他学生进行评价。（在汇报时，学生回答顺序由弱到强）

谈话：你们能分析一下他们成功与失败的原因吗？

教师此时应注意尽量要少说话，让学生与学生之间去评价彼此的解决办法是否可行。

【设计意图】根据学生已有生活经验，在像工程师一样动手实践活动的基础上，通过交流、生生评价，关注不同齿轮搭配方式的优势与不足，可以根据总结的规律按需工作，进行换挡操作，为下节课整合不同的齿轮搭配方式做准备。在生生交流过程中，培养学生敢于质疑的科学核心素养。

环节五：产生新问题，了解人类的好奇和社会的需求是科学技术发展的动力，技术的发展和应用影响着社会发展。

谈话：你们在汇报的时候都谈到了可以使用不同的齿轮搭配来完成在不同路面上行驶的不同需求，可是换齿轮太麻烦了。我给大家留一个作业：请课下思考如何方便、快捷地换挡，我们下节课继续研究。

提出新的问题：如何方便快捷地换挡呢？

【设计意图】将学生在本节课实践活动中获得的科学知识、科学技能与生活经验相结合，提出小车在行驶不同路面时需要更换齿轮太麻烦了，生活中的汽车只需拨动挡把、调换档位就能方便地解决问题这一情况，从而引发学生思考有没有更加便捷的方法去更换齿轮。为下节课整合不同的齿轮搭配方式，更方便地完成任务等教学活动做准备。

板书设计

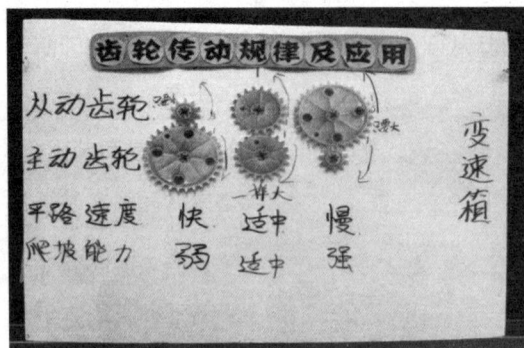

作业与拓展学习设计

课后实践作业：如何方便、快捷地换挡呢？请同学们课下进行思考，我们下节课继续研究。

特色学习资源分析、技术手段应用说明（结合教学特色和实际撰写）

（1）利用KT板模拟真实的平坡一体的路面，创造情境，使学生像工程师那样，自己去想办法解决生活中的实际问题。

本节课设计了接近真实的情境，即与生活中的实际路面相似的坡路路面、平坡一体路面，来进行爬坡动手实验和尝试实现变速的动手实践活动。使学生像工程师那样，产生解决生活中问题的愿望。在今后的教学中，就要注重创设接近真实的情境，使学生像工程师那样，发现和解决生活中的问题，由此更好地建立科学概念、探究技能、科学思维等。

（2）可视化的思维记录单，更便于体现工程设计方案。

本课时记录单，充分体现了像工程师那样去工作的三个阶段：调查、假设和协同。在整张记录单中，文字、图画、设计方案图纸、学生语言和视频等将学生解决问题的思维变得可视化。从而更加便于学生们将自己的设计方案记录下来，并且体现出来，进而聚焦于任务设计方案——不同的路面选择什么样的齿轮搭配方式。

教学反思与改进

（1）增加工程实践活动难度，使学生初步尝试使用工程实践思维解决问题。

在第一学时中，通过教师的教授，孩子们已初步感知了调查、假设、协同三个阶段的实践过程，但还不能独自解决问题。因此，在第二学时中，学生们在教师的指导下通过调查、假设、协同三个阶段来完成平坡一体挑战任务。此学时虽然任务难度升级，但是孩子们已了解了工程实践的各个阶段，解决起问题来，却更加容易一些。

（2）引导学生进行生生评价，增强学生间的交流互动。

学生在汇报后，要引导学生们对其他组的方案及实施情况进行点评，引发学生认知矛盾，从而帮助学生掌握科学概念，使方案更加切合实际生活。在生生评价过程中，要让学生们像工程师那样充分进行交流，从而针对改进意见，完善设计方案。在今后的教学中，要更多地给予学生进行表达、生生评价、自我反思与改进的机会，发挥评价在课堂中的积极导向作用。

第三课　使换挡更加方便、快捷

教学内容分析

本课是首师大版《科学》第八册，《设计与制作》单元中《制作机器模型》一课的拓展内容，主要包括齿轮传动方向和圈数规律的应用研究。在第二学时里，学生已经能够根据路面，按需选择不同的齿轮搭配方式进行操作，但孩子们发现齿轮更换起来比较麻烦，从而产生本学时的学习需求——怎样使换挡更加方便、快捷。

第一学时，教师教授孩子们通过完整的调查、假设和协同三个阶段的实践使小车动起来并且跑得快，已经初步感知工程实践中的调查、假设和协同三个阶段。

学习者分析

（1）在知识储备上。

学生已经认识了齿轮，知道了齿轮传动方向、圈数方面的规律。知道了不同齿轮搭配方式与速度、爬坡能力的关系。知道了不同齿轮搭配的优势与不足。

（2）在探究能力上。

学会了运用科学知识、探究技能解决生活实际问题的能力。

（3）在制作能力上。

在本课教学之前，孩子们已经具备了动手组装智高小车的经验。通过第二学时完成平坡一体路面的操作，学生已经具备了像工程师那样工作的思维方式，已经熟悉了调查、假设和协同三个阶段的实践过程。

学习目标确定

（1）了解在真实生活中汽车变速器原理。

（2）小组合作完成设计方案，使换挡变得更加方便、快捷。

（3）能接受别人的批评意见，反思、挑战自己的任务。

（4）了解人类的需求是影响科学技术发展的关键因素。

教学重点与难点

教学重点：了解在真实生活中汽车变速器的工作原理。

利用小车模拟汽车行驶不同道路状况来发现问题，并完成解决问题设计方案，动手实施改进模型使小车模型换挡变得更加方便、快捷。

教学难点：利用小车模拟汽车在不同道路状况下，齿轮搭配组合的不同，进行相应改进，完成整个路程的行驶，尝试使换挡变速变得方便与快捷。

学习评价设计

评价量规

项目 ＼ 标准 ＼ 内容	层次一	层次二	层次三
知识获得	在老师的指导下发现齿轮可以改变运动的方向和运动的速度（圈数）、不同齿轮搭配与速度的关系	在老师的引导下发现齿轮可以改变运动的方向和运动的速度（圈数）、不同齿轮搭配与速度的关系	自主发现齿轮可以改变运动的方向和运动的速度（圈数）、不同齿轮搭配与速度的关系
能力提升	观察记录、比较分析的科学思维能力，解决问题的能力有待提高	较为熟练地掌握观察记录、比较分析的科学思维能力，解决问题的能力	熟练掌握观察记录、比较分析的科学思维能力，解决问题的能力
学习态度	不愿意接受别人的批评意见并反思、挑战自己的探究	愿意接受别人的批评意见并反思、挑战自己的探究	十分愿意接受别人的批评意见并反思、挑战自己的探究问题

学习活动设计

环节一：基于新的需求，学生设计更为方便和快捷地更换档位的方案并实施；探究在真实生活中汽车的变速原理。

（1）根据新需求，明确新任务。

谈话：上节课，我们利用不同的齿轮搭配来完成在不同路面上行驶的不同需求，可是换齿轮太麻烦了，如何方便、快捷地换挡呢？

（2）利用画图和文字的形式。为我们的小车设计更容易更换齿轮的方案并加以实施。

谈话：请你在图纸上进行设计，如何使小车可以更方便、快捷地换挡，并在设计完方案后进行实施。

学生设计更容易更换的齿轮方案，并在设计完方案后加以实施。

记录单3

预设1：学生可以设计出更容易换齿轮的方式。

策略1：教师可以提出更高的要求，你能在小车上实现更多的齿轮搭配组合吗？

预设2：学生还是不能设计出更容易的换齿轮的方式。

策略2：可以引入一个例子，再继续让学生尝试。

【设计意图】基于新的需求，在了解完齿轮传动的规律后，让学生用图纸和文字的方式设计记录更容易更换齿轮的方案并实施，让学生体验工程师解决问题的过程。并且让学生意识到科学技术是有科学原理依据的，以及技术可以帮助我们解决生活中的问题。

环节二：对任务方案进行实施，在实施过程中记录新问题，并思考新问题的解决方案。培养学生解决问题的能力。

谈话：在实施任务方案的过程中，你又遇到了什么新问题？你是如何解决的？请记录在记录单上。

此时教师应关注以下几点。

1.各个小组是否完成了使换档更加便捷、方便的任务。

2.学生是怎么完成任务的？

3.各个小组在完成任务的过程中，是否遇到了新问题，他们是怎么解决的？

学生动手实践

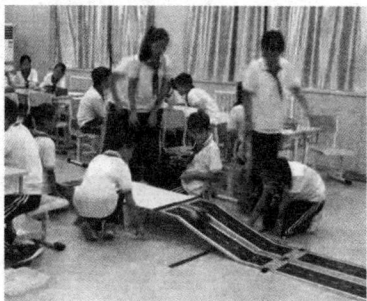

1.思考了小车主动、从动齿轮组合不仅可以装在小车的一侧，还可以组装在小车两侧。

2.思考了主动齿轮轴的长短，这样主动轴就可以进行左右移动调节。

3.思考只要细心调节好齿轮间的位置，左右拉动主动轴就能完成不同齿轮组合的更换。

【设计意图】在实施设计方案的时候，像工程师那样工作。记录出现新的问题，并将解决方案记录下来。

环节三：交流汇报，生生评价。培养学生能接受别人的批评意见的能力，反思、挑战自己的任务。

汇报设计方案及实施过程中遇到的问题。

谈话：其他同学，你们对他们的设计方案有什么建议吗？和大家交流一下。

教师此时应注意尽量要少说话，让学生之间去评价彼此的解决办法是否可行。

学生交流汇报设计方案，在实施过程中是否出现问题，是怎么解决问题的。生生进行评价。

第5组实施方案结果

第1组实施方案结果

第3组实施方案结果

【设计意图】根据学生已有生活经验，在像工程师一样进行动手实践活动的基础上，进行交流、生生评价，在生生交流的过程中，培养学生敢于质疑的科学核心素养。

环节四：听汽车工程师讲解机动车手动变速原理，了解真实汽车中的齿轮是怎么工作的。

请汽车工程师讲解汽车手动变速原理。

教师邀请汽车工程师用小学生易懂的方式录制汽车手动变速原理视频，并在课上进行播放。

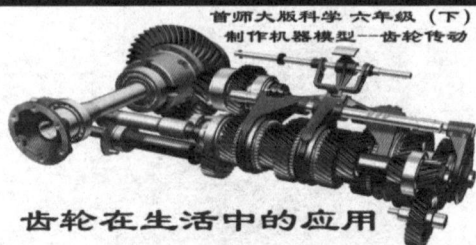

根据探究齿轮传动规律的结论、生活中骑变速自行车的体验、关于小车模型在不同路面方便快捷更换不同齿轮组合的研究结果，学生初步了解了汽车手动变速器工作原理。

【设计意图】由模型小车回归到真实的汽车当中，与实际生活相联系，让学生产生欲望，看看生活中的汽车是如何方便、快捷地进行换档的。

环节五：介绍变速箱发展史；了解真实汽车中的变速箱的发展史。

谈话：汽车变速箱在发展的过程中，也经历了从开始的手动变速箱到自动挡变速箱，再到手自一体变速箱的漫长过程。今天我们在驾驶汽车时实现了进行方便、快捷的手动换挡。课下，我们可以再研究一下，是否可以实现自动换挡。

学生了解变速箱发展史。

变速箱的发展：

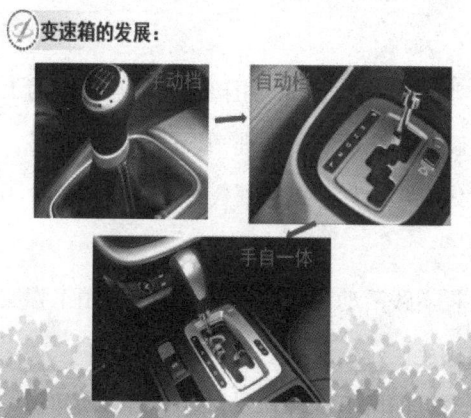

板书设计

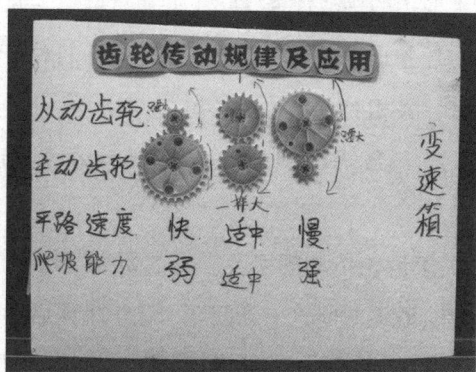

作业与拓展学习设计

课后实践作业：是否可以实现小车自动换挡？请课下进行思考。

特色学习资源分析和技术手段应用说明

（1）评价多元，发挥评价的积极导向作用。

在本节课中，评价涉及师生评价、生生评价。多次的师生评价、生生评价，促使孩子们积极参与到课堂活动中来，像工程师那样，充分表达自己的观点，以及对其他同学想法的肯定与质疑，处处落实着学生在科学课堂上的主体地位。通过生生评价，学生获得肯定，或者引发学生认知矛盾，从而帮助科学概念的形成。在今后的教学中，要多给予学生进行表达、生生评价、自我反思与改进的机会，发挥评价在课堂中的积极导向作用。

（2）专业的汽车工程师走进课堂，让学生们更好地了解复杂的变速箱的科学原理。

本节课，邀请专业的汽车工程师，用孩子们能够听懂的工程语言讲解齿轮在生活中的应用，为学生解决问题提供了原理知识的支撑。同时，孩子们会明晰原来自己三节课所做的事就像汽车工程师工作那样，已经实现了小车的手动换挡。

教学反思与改进

（1）继续增加工程实践活动难度，使学生自主运用工程实践阶段的思维方式解决实际问题。

在第三学时中，通过前两节课的积累，孩子们已经初步了解了调查、假设和协同三个阶段的实践过程，具备了尝试独自解决问题的能力。因此，第三学时，面对使小车更方便、快捷地换挡的挑战任务，学生们通过调查、假设和协同三个阶段自主完成。此学时，虽然任务难度又再次升级，但是孩子们对工程实践的各个阶段更熟悉了，解决起问题来，又相对更容易了一些。

（2）在本课结束时，继续提出新问题，强化学生不断发现问题、解决问题的意识。

虽然本学时是"关于齿轮传动规律及应用的研究"这一主题学习的最后一学时，针对手动换挡还是会耽误时间这一新问题，让学生课后继续进行研究，思考是否可以实现自动换挡，从而强化学生不断发现问题、解决问题的意识，使学生像工程师那样，在不断发现问题和解决问题的过程中，尝试创造未来的世界。

至此，通过主题三学时的学习，学生已能够像工程师那样工作，将所学齿轮传动规律这一科学基础知识加上工程规范——调查、假设和协同的工程实践阶段，迁移应用到日常生活中，解决了小车方便、快捷完成平坡一体路面任务的实际问题，使自己的小车实现了手动换挡。

孩子们在像工程师那样工作的过程中，从与生活联系紧密的具体问题和需求出发，已初步养成核心素养中的工程思维，知道了工程师是按照调查、假设和协同这样的工程实践阶段工作的。在动脑设计任务方案、调取已有生活经验的过程中，学生们提高了自身核心素养关键能力中的阅读能力，在动手实施不断发现问题，解决问题的过程中，学生们提高了自身核心素养关键能力中的思考能力，在动嘴进行学生自评、生生评价的过程中，学生们提高了自身核心素养关键能力中的表达能力。

第二节 《交通信号灯》教学设计
——基于工程设计的思考

本教学设计有以下特点。

1. 完整的工程实践体验，体会创造的乐趣。

本节课学生参与了接收任务、分析任务、确定方案后制作产品、在对产品评价完成后进行一次次改进的工程实践，并不断克服困难，直至收获成功，在这个过程中使得每个孩子都体验了一次"工程师"的角色。

2. 给出有结构性的材料，提升学生创造力。

本节课使用的材料与教学目标和教学内容之间具有紧密的联系，并且具有趣味性，使学生喜欢并有能力通过对材料的探索来发现问题、解决问题，获取新知。

一、指导思想与理论依据

人类为实现自己的需要，对已有的物质材料和生活环境加以系统性地开发、生产、加工和建造等的活动便是工程建造活动。工程建造是运用科学和技术进行设计、解决实际问题和制造产品的活动。工程建造的关键就是设计，设计是产品在开发过程中的核心要素，是制造一个产品的第一步。本课的设计过程就是一个目标明确、按部就班寻找解决问题方案的过程，先解决"如何做"的问题，再通过"动手做"来解决问题，学生参与制作，欣赏作品，可以体验到"做"的成功和乐趣，在诞生产品的过程中需要具有创意和不断地改进与调整，这些也有利于激发学生们的科学兴趣，使他们确立自信心，发展自尊和独立意识，并在制作中再次反思和学习，这种在"做中学"的教学理念具体体现便是"任务驱动教学法"。

任务驱动教学法，是指教师将教学内容设计成一个或多个具体任务，力求以任务驱动，进而提出问题引导学生思考，让学生通过学和做掌握教学内容，达到教学目的，从而培养学生分析问题和解决问题的能力。

本课以任务驱动法展开教学，注重小组合作学习，使学生在合作中逐步提高自身的完成设计、制作、评价等能力。

在课堂上，当学生已经产生"希望设计和制作一个手动控制的红绿灯"的实际需求后，我将引导学生综合之前所学的各方面知识，并以这一需求作为任务驱动，逐步展开"利用原理图（也就是电路图）来描述自己的设计""利用丰富材料，按图安装电路""对各组作品进行互评的评价"等教学环节。在整节课的设计中，我力图引导学生了解工程设计需要依据人们实际生活的需求一步步进行完善和改进的要求，通过设计把技术的潜在价值发挥出来，使科技成果更贴近于人们的生活，更好地为人类服务。

二、教学背景分析

（一）在课标中的位置

本课教学内容属于工程领域，课标中指出要根据现实的需要设计简单器具，生产物品，完成任务。

（二）在教材中的位置

本课为首师大版《科学》五年级下册《设计与制作》单元的第二课《交通信号灯》的第二课时，作为前一册中《电与生活》单元整个电学部分的实践延伸。

（三）学情分析

学生在四年级科学课程的学习中已经学过了电路的基本知识和电路图的绘制。在实际生活中，学生对交通信号灯的作用，及最常见的红绿灯的工作方式，都是比较熟悉的。

通过对学生的课堂观察调研发现有90%的同学了解交通信号灯在生活中的作用，知道了交通信号灯是一种电能转化成光能的信号工具。部分学生能够绘制电路图并独立完成电路的连接。

在学习了各种电路知识会连接简单电路，以及在知道交通信号灯作用的基础上，复习旧知识同时创设情境，明确任务，引导学生进入角色，以此作为学生本节课的起点。

我所授班级为五年级学生，他们通过两年的学习和锻炼，具备一定探究能力，非常喜欢动手操作，已经适应并习惯了小组合作学习，能够比较默契地配合完成工作任务，同时具有组间竞争意识，大部分学生希望有机会展示自己的成果，得到同学的赞许和老师的认可。

本课难点在于如何设计出能够完成循环并且依次点亮灯泡的开关，教师在此利用生活中的实际应用，帮助学生建立模型、搭建脚手架，逐步探索、突破难点。

（四）教学方式与手段说明

教学方式：实践探究式。

教学手段：任务驱动下的有目标的动手实践探究。

（五）教学技术准备

在以往的课堂教学实践过程中，出现过以下问题。

1.开关的结构是固定不变的，会封闭学生对开关更多可能性的创作与想象。

2.电路连接完成后不方便做板前展示。

此次教学设计，我进行了调整。着眼于突破材料的"制约性"，希望材料的选择更符合学生特征和认知规律，更具有趣味性，给予学生更多想象的空间，提供创造的可能性。

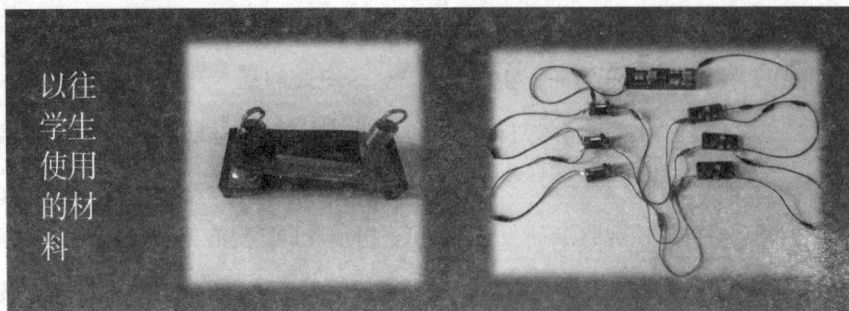

为了达到这一效果，我选择电子积木和相关部件作为本节课的实验材料，这套材料具有以下几个特点。

1. 电子积木从外形上更加吸引学生，我还将灯泡贴上了红黄绿三色的玻璃纸，在视觉上也更有冲击性。

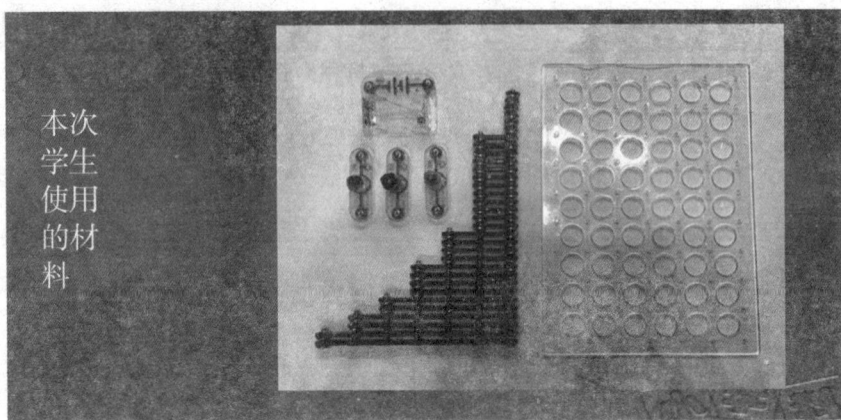

2. 电子积木中的导线长度可以进行调节，学生可以自由选择使用。导线用按扣进行连接，操作起来更加简单。导线也可以作为开关使用，更有利于学生对开关进行创造和改进。

3. 这套材料可以在电路板上固定所有材料，方便学生进行展示。

三、教学目标

基于对学情的分析以及课标要求，我将教学目标设定如下。

（一）教学目标

1.知识目标

知道交通信号灯的工作原理。

2.能力目标

（1）通过小组合作研究能够画出交通信号灯的电路示意图。

（2）能够用简单的材料设计和制作交通信号灯装置。

3.情感态度价值观

（1）在动手实践的过程中，树立勇于探索和不怕困难的精神。

（2）通过动手实践和制作，逐步提高解决生活实际问题的意识与能力。

4.社会与科学技术工程的关系

让学生们逐渐认识到社会的需求是技术不断发展的动力。

（二）教学重难点

1.教学重点：经历设计与制作"手动控制的红绿灯"的实践过程。

2.教学难点：在"设计并制作手动控制的红绿灯"的任务驱动下，能够用简单材料完成任务，并能够进行自我行为的调整与控制。

四、教学过程

本课教学过程主要围绕以下五个环节展开，分别是产品的需求、设计、制作、评价和课堂延伸，后面这些内容是对每个教学环节的简单解释。

（一）需求——基于真实情境，分析任务需求

通过提问引领学生回顾各个生活领域的交通信号灯的使用情形，聚焦话题。随之出示任务，分析任务需求，最终逐渐明确活动目标：设计并制作一个具有"依次点亮，并且可以循环"的红绿灯。

【设计意图】通过此教学环节的设计，学生在接近于真实生活的情境中聚焦了话题并明确了任务。学生开始进入"工程师"的角色，与此同时，又经历了在"工程与技术"中，对于作品需求进行分析和解读。

（二）设计——基于任务需求，设计符合需求的电路图

本环节，我希望能够成功引导学生设计出不同的电路示意图，并能够比较其中的特点。

这一环节是整个教学过程中较难的部分，为了帮助学生成功渡过难关，我将本环节学生的设计情况进行了预估，可能会出现难易度不同的三个层次。

第一层：学生在完成设计图的分享后，能够设计出由三个开关控制三盏灯的电路图。

第二层：能够设计出操作更简单的一对三开关的电路图。

第三层：学生在评价之后，发现改进点进而设计出能够实现循环功能的旋转式开关控制的电路图。

【设计意图】本环节既检测了学生的完成度，又借助了交流和评价，引起其他小组对电路图设计的反思，起到以点带面的效果。在学生进行设计并分享本组的设计图之后，教师适时引导学生在电路板上进行尝试。

（三）制作——基于电路设计图，进行动手制作与改进

依据设计的三个层次，制作也与之对应分为三个阶段。

第一阶段：制作完成三对三开关的并联电路。

有些小组在本阶段能够比较顺利地完成任务，有的却在制作过程中遇到了种种困难。于是老师会请连接成功的组作为示例进行展示，在演示红绿黄三色灯依此亮灭的过程中同学脸上会绽放出自信的笑容，他们为自己的第一次胜利感到骄傲，全班同学也都给予了热烈的掌声，此时本节课进入到一个高潮。在评价交流环节中，

同学们获取了来自制作成功小组的宝贵经验，同时发现这样的电路操作起来过于复杂，于是带着这样的思考进入到第二阶段的制作。

第二阶段：制作完成一对三开关的电路。

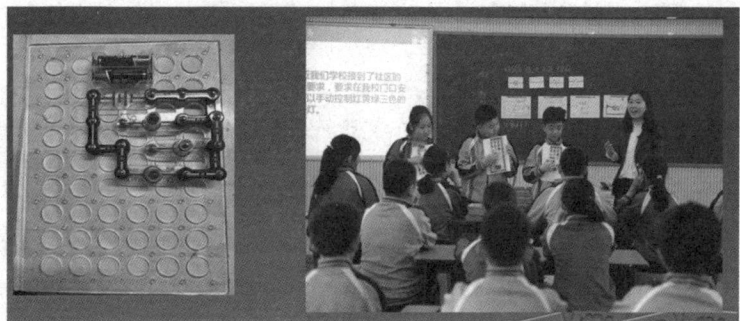

　　有了第一阶段的经验，学生开始着手于"操作更加方便的"开关的制作，这次有更多的小组都成功地完成了改进，并且第一阶段没有成功的小组在本阶段也都顺利完成了任务。于是进入了第二次展示，这次展示有更多的孩子们体验到了成功的快乐！在这次评价交流环节中，老师引导学生进行更为深层次的评价，会发现这样的电路虽然操作方便了但不能实现任务需求中要求的循环亮灭的功能。

　　第三阶段：制作完成可旋转式开关控制的电路。

　　在本次改进中，学生们开始进行大胆的尝试，出现了各种形态的开关和电路，老师会选取典型进行第三次展示，本次展示更是引发了学生们激烈的讨论，有的同学会通过观看他人作品找到自己的问题并激发再次改进的欲望，有的会从他人的作品中得到灵感并激发再次创作的欲望，这也使得本节课达到了第二次高潮。

　　【设计意图】本环节学生通过努力不断地攻克难关、挑战自我，也有很多小组更是进行了大胆的尝试和创新。在此环节中，不仅学生能够深刻地感受到动手做的乐趣，敢于直面困难直至收获成功的喜悦，老师也能感受到学生的学习激情在此刻完全迸发了出来。

（四）评价——基于评价标准，进行多元评价

评价分为两层，也就是初次评价和再次评价。

在初次评价环节中，我希望学生能够围绕作品是否做到了按图施工，以及是否完成了基本任务的实现的标准进行评价。

再次评估中，我希望学生能对各组作品进行更细致的观察，围绕是否做到了"方便使用，实现循环功能"这一更深层标准进行评价。

【设计意图】将此环节分为两层，主要原因是希望每个组既能够得到认可、体会到成功的乐趣，又能清醒地认识到自身值得改进的地方，从而养成良好的学习态度。

（五）拓展延伸——基于实践过程，技法不断创作的反思

我带领学生回顾这一课中所经历的流程，帮助他们完成对本课学习经历的反思。至此，我开始认真梳理这节课中的收获，并在潜移默化中完成对"工程"认识的内化。尤其是提到生活中的红绿灯大多都是电子控制的，这也是为了适应时代需求进行的进一步的改进，当时学生露出了认同的神情。这节课不但帮助他们在心中留下了想要再次改进作品的"种子"，而且对他们认识"社会的需求是技术不断发展的动力"产生了积极效果。至此，本课的教学难点也得到了最终突破。

五、板书设计

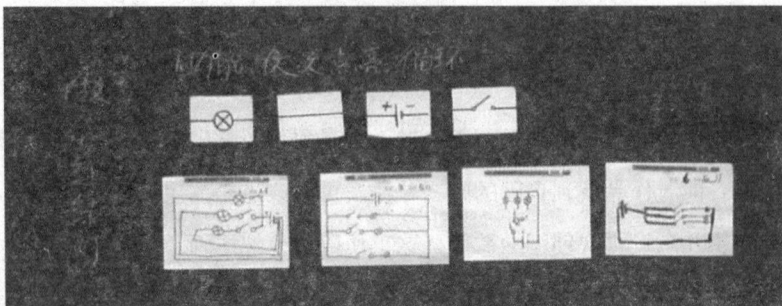

第三节 《斜面》教学设计

一、指导思想与理论依据

1. 在科学探究中帮助孩子建立科学概念。韦钰在《探究式科学教育》中提出：把科学看作是探究的过程，可以有助于我们考虑探究式科学教育的作用，具体包括以下内容：

概念的理解；〔学习科学的目的是为了促进学生的好奇心的培养，以使他们能运用推理来解释自然界中的事件和现象，发展他们对这些事件和现象的看法（概念）〕探究的能力；将科学和日常生活联系的能力。

2. 在真实情境中探究、观察，注重搜集数据，使用数据进行分析交流，由此得出比较科学的结论。理论：韦钰的《探究式科学教育》："记录科学研究的原始数据、科学探究的过程，特别是问题和失败的原因，是科学研究的重要组成部分。在这个过程中，要培养孩子科学严谨的态度。""科学精神的核心确定为"求真"，即实事求是和追求真理。"

3. 大科学观的培养，做功：W=F（拉力）·S（距离）。使用简单机械是为了更方便而不仅为了省力，要从多角度观察事物。

二、教学背景分析

教学内容分析：《斜面》是首师大版五年级下册《简单机械》单元的最后一课，斜面在生活中最常见的就是过街天桥、桥面的引桥和盘山公路，而生活中常见的斧子、剪子、螺丝钉等学生都很难和斜面联系起来，这是需要给学生补充的内容。螺丝钉应用斜面省力原理这一认识最难，这一内容根据本课教学内容安排情况放在单元复习总结中认识。

主要要达成的科学概念：1.斜面可以省力；2.斜面倾斜角度越小越省力。

学生情况：学生在五年级研究过摩擦力，知道滚动摩擦力最小，能熟练使用测力计；研究过推力和拉力，知道推力等于拉力；研究过杠杆、滑轮，已经有简单机械的探究经验，知道人们使用杠杆滑轮不仅可以省力，还可以为人们的生活提供更我的方便。

学生情况分析：学生在五年级上学期研究过摩擦力，知道滚动摩擦力最小，能熟练使用测力计；研究过推力和拉力，知道推力等于拉力；研究过三种杠杆、两种滑轮，已经有简单机械的探究经验，初步知道人们使用这些简单机械是为了方便，而不只是为了省力。

在调查中，大部分学生都认为利用斜面比直接搬省力，生活中很少关注斜面，80%的学生认为斜面平缓更省力，但是几乎都没关注到是角度引起的且一般认为使用斜面就是为了省力；而斧子、剪刀及螺丝刀很少有孩子知道它们是斜面。因此，本课概念的建构要放在探究的过程中，让学生亲自动手实践体验、进行数据分析，建构斜面的基本可行概念，生活中在斜面的应用都是本课必须要关注到的，学生要建立简单机械大观念以便更好地发展自身对于简单机械的认识。

三、教学目标

1.通过自主探究研讨活动，使学生认识斜面能够省力，且是越平缓越省力。

2.通过模拟实验，培养学生设计实验，处理数据的科学严谨的态度。

3.通过严谨地进行模拟实验，学生能建立关于斜面的概念，初步建立大科学观（当功一定时，用斜面省力，路程长，费时；不用斜面费力，路程短，省时）

4.培养学生认真合作的精神。

（一）教学重点

通过模拟实验，培养学生设计实验，处理数据的科学严谨的态度。

（二）教学难点

学生能初步建立大科学观。

教学方式：探究式。

教学手段：实验演示，PPT。

技术准备：

演示：PPT课件，一套斜面实验材料。

分组：每组一套斜面实验材料，包括小油桶、测力计、斜面板子、铁架台、数据记录表、量角器。

选择材料的目的：利用实际搬重油漆桶与利用斜面搬油漆桶的亲身感受让学生体验到使用斜面确实比直接搬更省力，由此激发孩子浓厚的探究兴趣。每组准备茶叶小桶带钩环，每组一块同样光滑的板子（保证摩擦力最小）。这样才有利于孩子探究斜面的省力作用。铁架台的横杆准备开始都是同一高度，这样孩子才能发现同样的小桶在同样的斜面需要不同的力（板子搭接长短不同），这样也才能引出下一步斜面倾斜角度不同，用力情况不同的研究。

四、教学流程

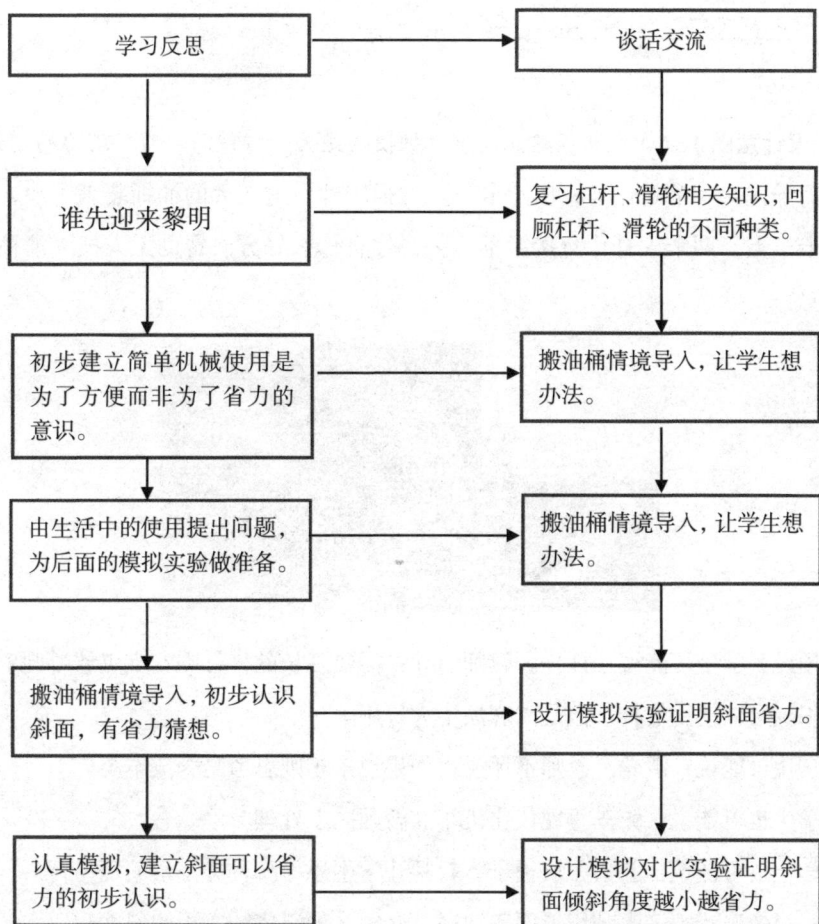

五、教学过程

(一)导入

1.复习原有认知:图片出示三种杠杠,两种滑轮,复习它们的特点,指导学生思考:人们为什么要使用它们呢?是为了省力吗?

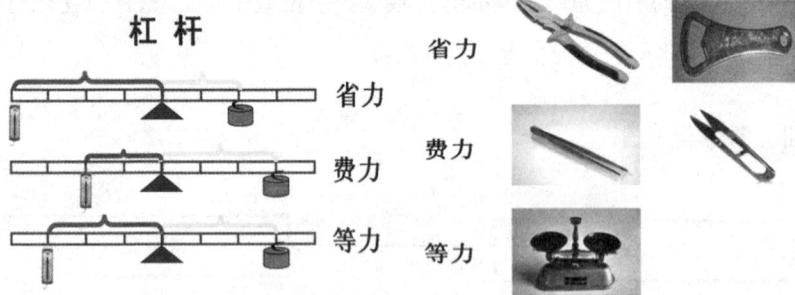

【设计意图】让学生初步建立简单机械使用是为了方便而非为了省力的意识。

2.导入:一个新任务:出示卡车、油桶图片,这么大的油桶装满了油,要搬到大卡车上,两个人合作直接搬不上去,你有什么好方法帮助工人把大油桶搬到车上吗?

预设:学生可能说:杠杆。教师引导:需要多长的杠杆呢?支点放哪呢?让学生意识到可以使用杠杆,但是太麻烦不大好用。

学生可能说:滑轮。教师不评说,如果说吊车则思考是否成本高。

学生也可能说:铲车等现代化机车。教师同上处理。

学生还可能说:斜搭一块板子。教师让学生思考哪种方法最简便易行。

3.录像出示:工人利用斜面搬油桶。介绍这种斜搭的木板叫斜面。

【**设计意图**】由生活中的实际情况提出问题，激发学生探究意识，为后面的模拟实验做准备。

（二）设计模拟实验证明斜面省力

出示材料，明确每组小桶的重量是一样的。

让学生充分讨论：如何模拟运油桶？也就是说，在这个模拟实验中，谁模拟谁？（知道小桶模拟油桶，测力计模拟等于推力，铁架台高度模拟汽车货斗高度，

木板模拟搬油桶的板子。更要明确用测力计在木板上模拟用斜面向上推，用测力计直接拉模拟直接抬）

1. 模拟实验设计：你如何能证明斜面省力。

学生讨论，明确对比实验斜面推比直接抬（提）省力。注意对比公平性问题，什么是唯一不同的条件（直接用测力计拉与用斜面拉），什么是必须保证相同的条件（同样高度，同一个测力计，同一个小桶，同样匀速拉动）。

【设计意图】培养学生模拟、对比等实验能力。

2. 小组实验，并进行实验记录。

要求：（1）小组成员分工合作，尽量保证实验的公平性，并且及时记录下自己的实验结果。（2）提问：我们在实验中只实验和记录一次就进行对比得出结论可不可以？

建议：至少三次，取平均数才比较科学，如果其中一次数值差距太大，还应该进行第四次，舍去差距大的数再求平均数。

讨论合作方法：小组怎样合作？比一比哪个小组合作得最好、动作最快，派一个同学把平均数写到统计表里。

3. 学生小组合作，开始实验，教师巡视。

4. 小组汇报：要求汇报实验结果。组织学生观察数据，得出结论，验证猜想。再横向观察实验结果，尤其抓住小桶重量相同的数据进行对比，让学生去发现重量相同的小桶在同样的斜面上所用力并不相同，从而提出新的猜想。

斜面实验统计表

实验内容＼组别	1	2	3	4	5	6	7	8	9
直接提起重物时，测力计读数（N）	3.50	3.6	3.5	3.60、3.50	3.60、0.90	3.5	3.5		
利用斜面拉重物时，测力计读数（N）	1.450	1.4	1.0	1.10	0.90、0.60	1.5	1.5		
省力（N）	2.05	2.2	2.5	2.5	2.7	2	2		

结论：

【设计意图】注重引导学生对数据进行观察与分析。

板书：斜面越平缓越省力。

板书讲解斜度：

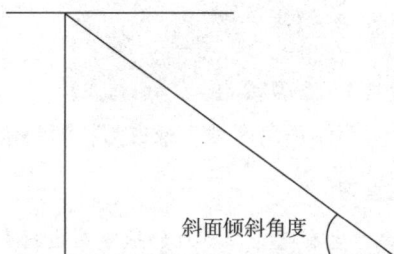

斜面倾斜角度

【设计意图】培养学生对待科学数据的严谨性，并由此发现新的问题并进行下一步的猜想探究。

5. 组织学生反思：你是否很好地模拟了运油桶这个情境呢？如果学生说不上来，可找一个小组到前边来演示，让学生找存在的问题。重点找直接拉的高度问题。

【设计意图】修正学生对模拟实验的认识偏差。

（三）证明斜度小更省力

1. 怎样能证明斜度越小越省力呢？学生自己设计实验

【设计意图】注意让学生自己设计实验，在讨论中明确实验方法。

2. 简单交流汇报实验（角度设计）。

3. 设计实验：如何证明自己的猜想？（主要设计不同坡度的对比实验，设计斜面角度实验只能改变斜面角度，不能改变高度，高度必须保持不变才能保证是模拟实验，因此板子可以抬高，但是测量高度不能变）。教师出示自制量角器帮学生明确测量方法。

【设计意图】培养学生猜想能力和模拟、对比的实验能力，以及科学严谨的态度。

4. 学生小组合作，动手研究在不同情况下斜面用力的大小，及时记录，汇总数据并写出自己组的发现。

5. 汇报：说一说你们有什么发现。（要求先汇报平均数，再说你发现了什么）

指导学生归纳概括：斜面倾斜角度越小越省力，倾斜角度越大越费力。

板书：斜面越平缓越省力。

【设计意图】再次引导学生有选择、有目的地观察数据，发现规律，建立概念。

你还有什么别的发现？（斜面平缓省力、费距离、费时，斜面陡费力、省距离、省时）

【设计意图】让学生建立科学认识，培养学生的大科学观。

（四）巩固

1. 说一说，列举你所知道的生活中的斜面。[出示介绍盘山公路图片，并引导学生分析为什么使用盘山公路（为了安全、省力，但是浪费路程和时间）]

2. 出示图片并介绍：斧子、剪刀和楔子。生活中都有哪些地方用到了斜面？出示山路图片，让学生理解生活中斜面费时省力原理的应用。

3. 出示图片并介绍：过街天桥、立交桥。讨论：它们的作用是什么？只是为了省力吗？如果不是为了省力为什么还要使用它们？

你能画一个更为省力的斜面吗？在黑板上画一画。

【设计意图】让学生联系生活用大科学观解决实际问题，树立理论联系生活的意识。

六、板书设计

4 斜面

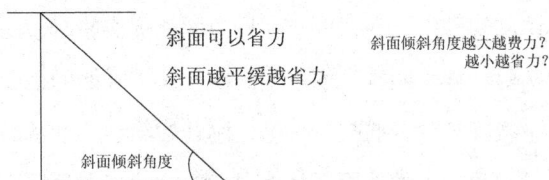

斜面可以省力
斜面越平缓越省力

斜面倾斜角度越大越费力？
越小越省力？

斜面倾斜角度

七、学习效果评价设计

1.记录单评价学习过程

目的：评价学生的实验操作能力、观察能力及记录态度。

良好	合格	不合格
记录单上数据基本正确，完整	记录单不完整，数据有修改	记录单不符合常理，有错误

2.课后评价

问题：人们在设计立交桥时为什么设计有向上盘桥的桥面？

八、教学反思

（一）巧妙设计材料和记录单，指导学生搜集和整理分析数据的方法，培养学生分析问题的能力

本课设计让学生进行两次数据搜集，一次数据整理，把收集的数据汇总整理成一个大的表，然后指导学生纵向观察每组的数据，看有什么共同的发现，学生在大量的实时性数据前，自然地就能初步得出科学结论来——用斜面拉省力，到底省多少力呢，教师带学生进行计算，得出数据。在此基础上，老师又指导学生进行横向分析，因为每组的实验材料即茶叶和小桶都是一样的，这样就能保证被拉的物体重

量尽可能相同，孩子们通过仔细观察就会发现具有相同重量的小桶在斜面上被拉动时所省的力是不同的。由此培养了学生的数据分析能力，并且由此马上就引发了新的猜想，为什么同样重的物体在同样的斜面上被拉动时所用的力却有所不同呢？孩子们马上结合各组的材料高度相同联想到是否因为倾斜角度问题，这就引发了下一步关于斜面倾斜角度的研究。

（二）指导学生学会做模拟实验，培养自身的科学严谨思维，发展大科学观

斜面背后的科学概念是做功，若想保证功不变，那么物体拉升的高度就该是相同的。因此，在本课的实验中，我们要求在模拟搬油桶实验时，高度不变。所以在本课教师设计几次实验让学生明确高度不变的前提，在开始的推、搬油桶活动和后来的两次实验设计中教师开动脑筋打下伏笔，刚开始给学生准备的架子高度是相同的，以此引导学生发现数据中的差距，从而引发新的猜想。到后面的实验中，在老师明确实验要求的情况下，学生们就知道了要坚持已有高度不变只能改变板子的角度，经历了这样的反复强化，学生们的思维就严谨多了。在严谨的科学操作中，学生体验到了倾斜角度小板子长，省力但所用时间就会长；倾斜角度大板子短，费力但斜面走过长度短，省时间；要想培养学生严谨的科学思维，就需要教师背后的功夫，包括材料的选择，实验中的每一个环节的设计，实验中的强化……在这个过程中，教师要不断完善学生的认识，发展学生对于简单机械认识的大观念。

第四节 《点亮两个小电珠》教学设计

本教学设计具有以下特点。

1. 以工程技术为导向，落实教学目标

在以往教学中，教师着力点往往聚焦在闭合回路（包括串联电路及并联电路）的知识层面，很少关注学生工程技术方面的培养。这种模式就导致了学生往往很难将课堂上所学的"知识点"转化、应用于生活。教师力图引导学生综合之前所学的各方面知识，以工程与技术为载体，体会制作的成功和乐趣，在做到解决实际生活需求的同时，养成通过动手做来解决问题的科学素养。

本课设计的初衷，就是在力图以"工程技术"为导向，引导学生综合之前所学

的各方面知识，在做到解决实际生活需求的同时，体会到制作的成功和乐趣，养成通过动手做来解决问题的科学素养。

2. 以"10%学科实践"为载体，培养学生的创造力

本课的课堂实施，以"落实学科10%实践活动"为指导思想，在完成教学任务的同时，以解决实际问题为依托，在将抽象的原理图转变为形象的施工图，以及将施工图付诸实际制作的过程中，不断挖掘、培养学生的创造能力。而随后的作品评估环节，则是引导学生在积极、主动地发现和采纳"产品市场反馈"的过程，这一关键过程正是在引导学生为下一次进行更加合理、科学的设计和创造埋下重要伏笔。

一、指导思想与理论依据

（一）指导思想

人类为实现自己的需要，对已有的物质材料和生活环境加以系统性的开发、生产、加工和建造等活动便是工程。工程活动是运用科学和技术进行设计、解决实际问题和制造产品的活动。本课在学生已经产生"希望找个房间真正安装电路"的实际需求后，教师力图引导学生综合之前所学的各方面知识，以工程与技术为载体，体会制作的成功和乐趣，在做到解决实际生活需求的同时，养成通过"动手做"来解决问题的科学素养。

在本课中，教师为学生搭设"为纸房子点亮两个小电珠"这一脚手架，同时引导学生逐步通过原理图（电路图）和施工图（安装图）的设计、交流和改进设计想法，利用多种工具安装电路等环节，最终制造出"具有两个小电珠被点亮的纸房子"作品，为学生能够成功地从课堂走进实际生活，架设有力桥梁。

（二）理论依据

一项技术或产品的问世至少需要几个流程：技术或产品的需求、设计、制作和评估。不难发现，技术或产品往往来源于人类需求。人类为了满足需求，会依据材料、工艺的不同而进行区别化的设计，最终通过设计物体所实现的结构或功能，来满足需求，制作过程是将设计进行物化的过程，属于技术的现实化。我们需要对技术做出价值判断即评估。而评估又包括功能评估、社会评估等。

在本课中，"为纸房子安装两个小电珠"成为作品的需求；学生在认识到作品需求后，进行分析和设计，并利用原理图（电路图）来描述自己的设计；在设计完毕后，教师引导学生绘制更为具体的安装图（施工图），并在随后利用丰富材料，按图施工，真实地为纸房子安装电路；各小组在安装完毕后，分别对各自作品进行自评、他评，完成对纸房子电路的系统反思和提升。

在本节课中，虽然学生经历的还不是真正意义上或较为完整的工程与技术教育，但我们相信它可以成为引路之石，必将为工程与技术教育添砖加瓦。

二、教学背景分析

（一）课标位置与要求

本课属于"物质世界"领域，而本课《点亮两个小电珠》是针对能量的表现形式进行的研究。课标要求学生通过学习知道常用电器的工作需要一个完整的回路；知道开关的功能；能用一些基本组件连接一个简单电路。

（二）教学内容分析

《点亮两个小电珠》一课来自于《简单电路》，是首师大版《科学》第三册教学内容，属于《电与生活》单元。在本课之前有《正电和负电》《电池》，后面有《导体和绝缘体概念》。本课在学生已经认识了电池、小电珠构造、闭合回路连接、电路图的基础上，引导学生将第一课时《点亮一个小电珠》（闭合回路）进行模拟应用，为其能够学以致用搭建扶梯。

（三）学生情况分析

本教学施教的对象是四年级学生。

学生通过一年的科学课学习，在能力上，已经初步具有了一定的观察、记录、表达、分析、动手操作和小组合作能力。

通过《正电和负电》《电池》和《点亮一个小电珠》的学习，学生已经认识到了如何才能点亮一个小电珠、如何画电路图，已经初步掌握了如何利用剥线钳、剪刀、胶带等工具制作和连接导线。

在生活上，学生已经具备了一定的参与家庭、学校环境布局设计的能力，具备了一定的参与实践和小组合作的能力。

（四）教学方式与手段说明

教学方式：实践活动式。

教学手段：实践活动与辅助图片相结合，其中以实践活动为主。

（五）技术准备与教学媒体

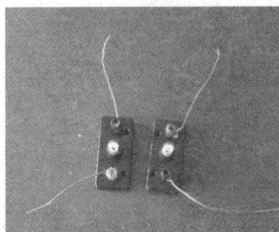

小电珠x2

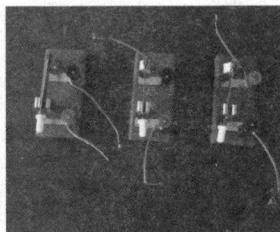

开关x3

导线2米

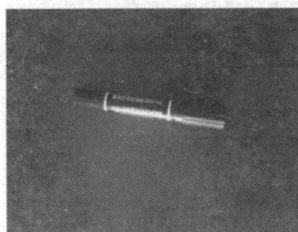

记号笔

胶带

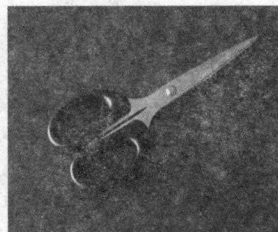

剪刀

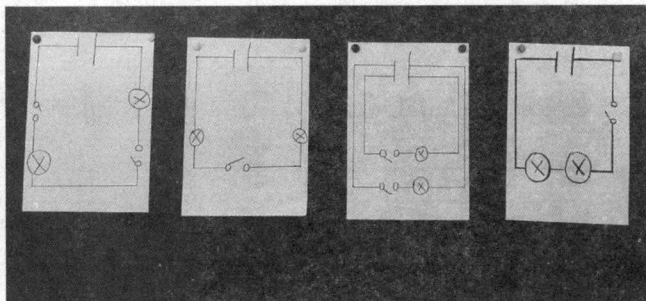

三、教学目标

（一）教学目标

1. 学生在"为纸房子安装电路"的任务驱动下，能够根据需求进行原理设计（即设计较为抽象的电路图），并能够在综合分析施工环境（即本课中的纸房子）后，再度进行更加具体、更加深入的施工图设计（即本课中的安装图）。

2. 能够做到按图安装电路，在最后的作品评估环节，找到作品的改进之处，并在此环节中，巩固练习剥线钳、剪刀等工具的使用技能，以及连接两根导线的正确方法。

3. 能够在潜移默化中认识到工程技术发展的价值取向。

（二）教学重难点

1. 教学重点：在"为纸房子点亮两个小电珠"的任务驱动下，完成电路的设计、安装与评估。

2. 教学难点：在潜移默化中认识到工程技术发展的价值取向。

四、教学流程

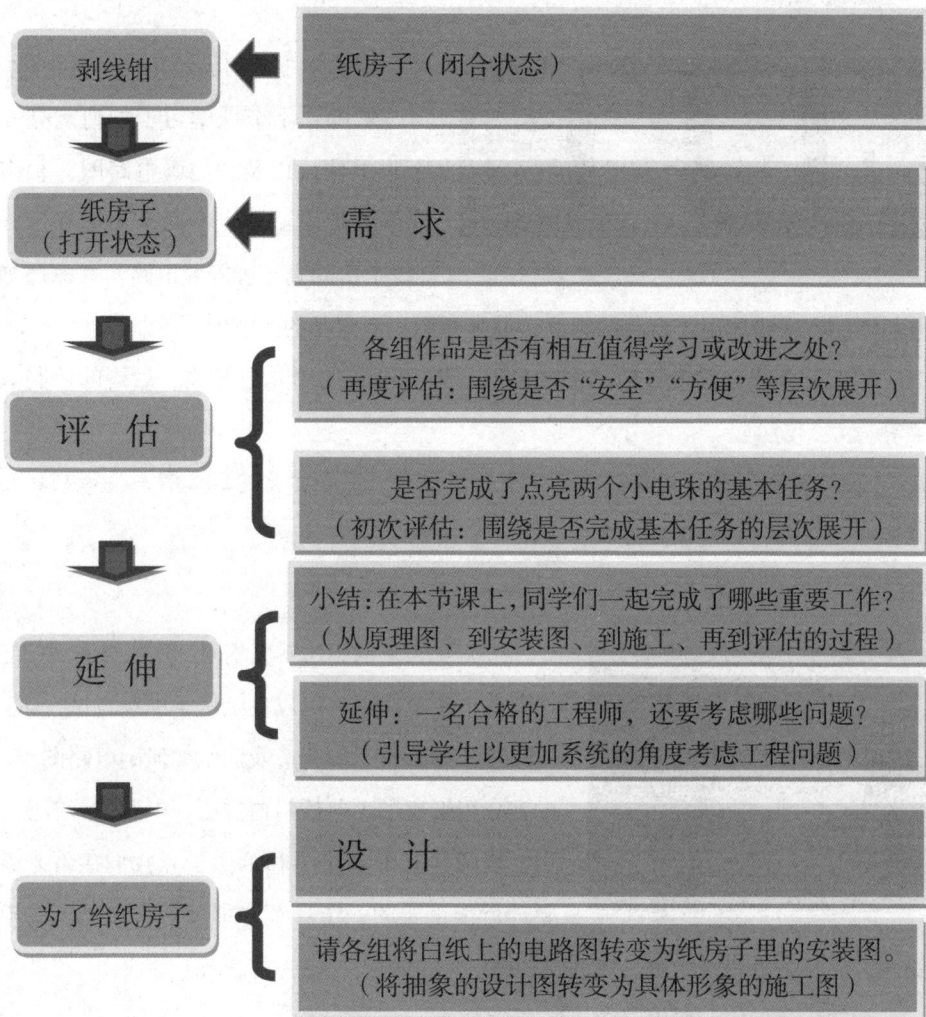

剥线钳 ← 纸房子（闭合状态）

↓

纸房子（打开状态） ← **需　求**

↓

评　估
{ 各组作品是否有相互值得学习或改进之处？
（再度评估：围绕是否"安全""方便"等层次展开）

是否完成了点亮两个小电珠的基本任务？
（初次评估：围绕是否完成基本任务的层次展开） }

↓

延　伸
{ 小结：在本节课上，同学们一起完成了哪些重要工作？
（从原理图、到安装图、到施工、再到评估的过程）

延伸：一名合格的工程师，还要考虑哪些问题？
（引导学生以更加系统的角度考虑工程问题） }

↓

为了给纸房子
{ **设　计**

请各组将白纸上的电路图转变为纸房子里的安装图。
（将抽象的设计图转变为具体形象的施工图） }

五、教学过程

（一）需求

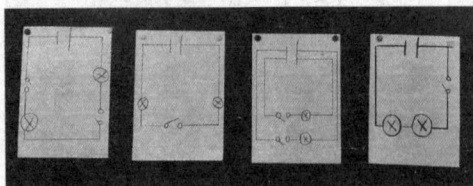

出示学生课前已经完成的电路图。

教师：上节课学习了如何点亮一个小电珠，以及如何画电路图。很多同学都想尝试着点亮两个小电珠，并且找个房间真正去安装电路。大家用画电路图的方式描述出了自己的想法，谁来介绍一下自己的想法？

学生：介绍自己设计电路图的思路，以及准备使用几个开关、最终的控制效果等。

【设计意图】聚焦话题，挖掘学生的前概念。引导学生完成工程与技术领域之流程一：分析、解读作品需求。

（二）设计

过渡：大家的想法不太相同，这些想法真的能点亮两个小电珠吗？可以在纸房子中亲自试一试。

1.介绍纸房子的构造及演示如何画电路图

介绍纸房子（包括门窗位置、电源位置等）。

教师：有了电路图和纸房子，我们接下来就要进行很重要的一个环节，那就是把白纸上的电路图，转变为纸房子中更具体的安装图。

教师演示如何按照电路图描述安装图。

【设计意图】向学生讲解实验材料的使用方法，引导学生将抽象的原理图转变为更为具体、更具操作性的安装。教师演示正确绘制安装图的方法，起到示范作用。

2.小组画安装图

教师：请大家也像老师一样，完成自己的安

装图。在画图之前，我们先看看工程师在描述安装图时，需要注意哪些问题。

出示演示文稿，具体内容如下：

【设计意图】在学生学会绘制安装图后，引导学生开始关注绘制电路图的注意事项，为后续环节做好前期铺垫。

在纸房子上画安装图时，请注意：

1. 要按照电路图去设计安装图。

2. 要事先考虑安装者和使用者的"安全"和"方便"。

3. 安装图展示交流

教师：哪个小组愿意将你们的安装图与大家分享交流？能说说这样设计的理由吗？

学生：展示安装图中各电路元件的位置、导线的布置路线，以及这样设计的理由。

【设计意图】调取学生在此环节中的完成效果，并通过学生的汇报、交流，引起其他小组共鸣，为电路安装应注意的事项及最终电路评估做好前期渗透。引导学生完成工程与技术领域之流程二：执行、交流作品设计。

（三）制作

过渡：有了安装图，我们马上就可以为纸房子安装电路了，对于安装操作的注意事项，下面请看看安装师有哪些小提醒。

出示演示文稿，具体内容如下。

在纸房子上安装电路时，请注意：

1. 要做到按图施工、按图安装。

2. 要完成基本任务要求。

3. 要事先考虑安装者和使用者的**安全**和**方便**。

教师用更为生活化的语言解释注意事项，并预祝各小组能够成功完成作品。

学生：按照演示文稿中安装师的提醒，在纸房子中安装电路。

【设计意图】学生亲自参与作品制作，并借此完成对"点亮两个小电珠思路是否可行"的主动验证。引导学生完成工程与技术领域之流程三：制作作品。

（四）评估

1. 初次评估

过渡：施工时间到，各组已完成的作品已经摆放到指定区域，请依次为大家展示。

教师提示：请先介绍自己的作品运用了哪种设计思路，然后再展示。

学生：进行设计思路的解释，随后展示作品。

学生：聆听、观察，判断该组作品是否成功点亮两个小电珠。

【设计意图】引导学生对作品进行初步展示和评估，在培养学生自信心和自豪感的同时，引导他组学生进行初次观察，为后续更加深入的再次评估做铺垫。

2. 再次评估

教师：现在，请大家再次观察这些作品，是否能找到相互之间值得学习和改进之处？

预设1：学生能够在"按图安装""安全""方便"等方面得到发现（如：接线位置是否"安全"、开关位置是否"方便"、导线布置方式是否有悬空，进而导致"不方便"等）

对策1：依据学生发现，顺势进行引导。

预设2：学生无法发现更多的内容。

对策2：这里是纸房子大门的位置，假设你是房间的使用者，漆黑夜晚回家，你希望开关放在哪里会更方便？你更希望房屋的电线布置能够像哪个小组的作品那样？为什么？

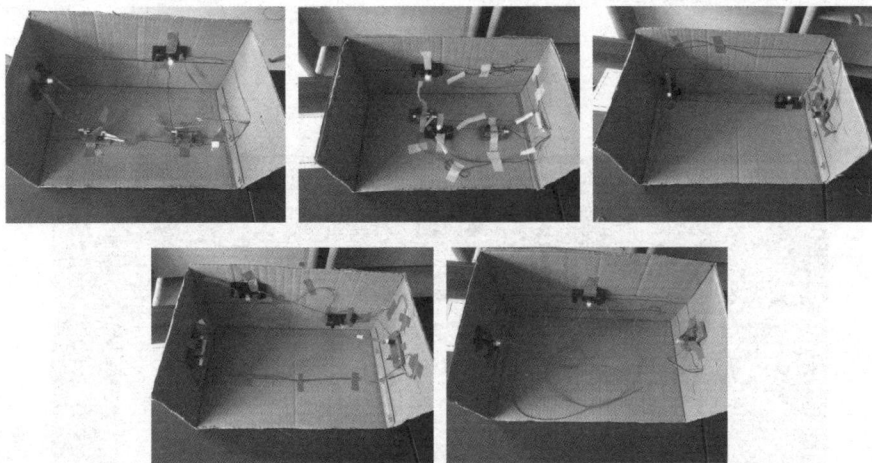

【设计意图】在引导学生为他组提出肯定意见、改进建议的过程中，使其能够更加合理地设计、安装电路，完成更加全面的内化和提升。同时，在潜移默化中引导学生完成工程与技术领域之流程四：作品评估。

（五）延伸

1. 小结

教师：在今天课上，同学们不但完成了"为纸房子点亮两个小电珠"的电路图设计，并且还能够成功地将电路图转变为更具操作性的安装图，不但如此，同学们更能够按图施工、按图安装电路，并且在最后的作品交流环节，找到更多的值得自己学习和借鉴的经验。同学们非常棒！老师非常佩服大家！

2. 延伸

教师：在今天，大家向成为一名伟大的工程师成功迈出了很重要的"一小步"！因为一名伟大的工程师除了要考虑大家今天所考虑的问题之外，还有很多问题要注意，比如：小电珠的亮度（即：工作效率），是否节约材料，是否做到了绿色、节能、环保等很多问题。

教师：今后，我们将继续围绕以上这些问题进行研究，下课！

学生：思考、聆听，为下一次的作品改进留下"种子"，待其破土而出。

【设计意图】肯定学生在课上所取得的进步，在培养学生自信心的同时，为其打开更广阔的视野，引导其能够以更加系统、更加高站位的角度去思考"工程问题"，为作品的后续改进埋下重要伏笔。

六、板书设计

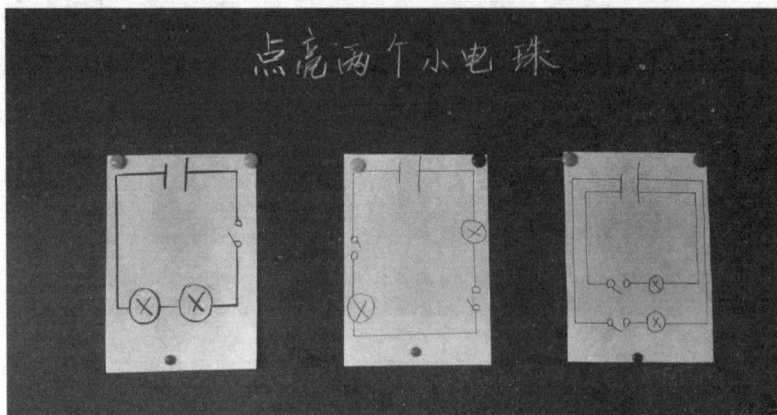

七、学习效果评价设计

优秀	良好	合格	不合格
针对作品需求，能够进行合理设计并进行制作，在随后作品评估过程中，能够取人所长，根据安全、方便、美观、节省材料等方面的要求，逐步将自身作品进行后续改进和完善	针对作品需求，能够进行一定的设计并进行制作，在随后作品评估过程中，能够将自身作品进行一定程度的后续改进和完善	针对作品需求，能够进行一定的设计并进行制作，但在作品评估环节，不能接受其他小组的建议	无法针对作品需求进行设计，制作环节漫无目的，在整个作品开发过程中的各关键节点上，无逻辑性